走向未来的教育

素养时代人才培养的新视角

Education for the Future

New Visual Angle of Talent
Cultivation in the
Key Competence Era

郑 钢

著

上海教育出版社
SHANGHAI EDUCATIONAL
PUBLISHING HOUSE

自序
PREFACE

教育是我们今天和未来共存在一起的根本，不仅与当下息息相关，更与未来密切关联。习近平总书记在2013年4月21日致清华大学苏世民学者项目启动仪式的贺信中说到："教育决定着人类的今天，也决定着人类的未来。人类社会需要通过教育不断培养社会需要的人才，需要通过教育来传授已知、更新旧知、开掘新知、探索未知，从而使人们能够更好认识世界和改造世界、更好创造人类的美好未来。"

科幻作家刘慈欣认为："未来像盛夏的大雨，在我们还来不及撑开伞时，就扑面而来。"对"未来"的关注和呼唤正在成为当下教育的主流声音，新一轮科技革命和产业变革突飞猛进，将人类社会推入了"VUCA"阶段，即充满变化性（Volatility）、不确定性（Uncertainty）、复杂性（Complexity）和模糊性（Ambiguity）。未来社会充满不可预测的变化和错综复杂的问题，也就是说，教育需要培养面向未来具有"主动适应能力"和"问题解决能力"的学习者，赋予学习者可以适应的能力，使他们得以顺应变化的新环境，而不是培养知识的搬运工和情感的漠视者。

未来社会对人才要求发生了革命性的变化，对教育的范式提出了变革的要求和使命。农耕时代，随着文字、纸张的出现，文明成果可以记录、复制、积累，教育主要是"口口相传"方式下精英化的追随式教育。进入工业时代之后，快速发展的工业经济催生了现代学校和班级授课制，产生了规模化、集约化和统一化的大众教育。智能时代，人类知识的增长速度已经远远超越了我们个人的学习速度，知识产生和传递的方式也发生了前所未有的变化，这呼唤着符合时代发展要求的教育范式。2021年11月，联合国教科文组织发表全球性未来教育报告《共同重新构想我们的未来：一种新的教育社会契约》，提出面向2050年的教育宣言，倡导重构教育以改变人类在世界中的地位和作用，学会与世界和谐共处，融为一体，实现未来教育范式的转变。

当下，为了回答时代的命题，包括中国在内的世界各国人民正在努力建构面向未来的教育，培养适应时代发展的超智能时代公民。《走向未来的教育——素养时代人才培养的新视角》一书，正是笔者对未来教育的观察、思考和探索，主要以见闻、随笔、感悟的形式，介绍当今国内外教育热点和动态、教育发展趋势以及改革的热点，为读者提供未来教育的图景，试图破解教育难题，为教育改革提供可借鉴的实践启迪。本书还鼓励人们不断反思自身的教育和生存方式，进而让教育遵循规律、回归本质。

本书主要由四部分组成。第一章是教育新趋势，主要聚焦如何培养未来的人才，适应社会的发展。第二章是学习新视野，引导读者探寻学习的本质，从关注过度的知识学习转变为素养培养。第三章是课堂新视角，核心是创新的教育教学，塑造学生创新的大脑。第四章是成长新路标，关注的是学生幸福成长，使得教育成为人们真正的福祉。

此书聚焦于"未来"，原因是未来不是我们的可选项，而是我们的必选项，我们无法逃避未来，一只脚踩在现在，另一只脚已经跨进未来。如果我们无法把握未来教育的特征，未能推进着眼未来的教育实践，我们的未来一代将要被开除"球籍"。此书不仅适合拥抱教育改革的一线教育工作者，也适合致力于孩子健康成长的家长。

此书的完成并非一气呵成，而是笔者近几年里教育观察、思考和实践中的"偶得"，有些发表于《中国教育报》《文汇报》等报刊，也有些发布在"第一教育""外滩教育'等教育微信公众号上，也有些只是保存在电脑里，未见"天日"的文字。无论是以何种方式或何种视角，笔者都在奋力描绘未来教育的图景，破解未来教育的密码，力邀众人一起登上驶向未来的"巨轮"。囿于时间仓促和水平有限，本书尚存不足之处，恳请读者不吝指教。

教育是未来的事业。谨以此书献给所有拥抱和追逐未来的人们。

郑 钢

2023 年 11 月

目　录
CONTENTS

第 *1* 章　教育新趋势：培养未来的人才

站在历史转折点上的教育　003

全球化时代的教育使命和责任　010

美国教育界最关注的趋势是什么？"成长型思维"排在第一　016

如果我们不能为孩子准备好未来，那么他们将失去未来　023

"双减"当下，是重塑教育话语和行动体系之时　028

全球学习者调查：传统教育正在面临前所未有的挑战　034

未来10年，教育将如何升级和变化？　041

第 *2* 章　学习新视野：探寻学习的本质

被"神话"的芬兰现象学习的真相到底是什么？　051

创造了诸多教育神话的芬兰又有新"神话"了

　　——"少即是多"的教育到底好不好？　057

突围"标准答案"的学习方法，让学习回归本质

　　——读《PBL项目制学习——智能时代项目制学习权威实战指南》有感　063

全球胜任力培养：教育准备好了吗？ 070

博物馆式学习的"问题学习路径" 075

超越传统学习方式：基于脑科学的六大学习定律 082

突破项目化学习的迷思 089

项目化学习兴起的三大时代隐喻 097

研究了数百个项目化学习案例，发现我们离"世界"很遥远 102

第3章　课堂新视角：塑造创新的教学

创造力不是一种行动，而是一种思维方式 111

哈蒂排名：哪些是教学中最有影响力的因素 116

课堂教学是教师责任逐步"释放"的过程 121

课堂提问好不好，先问自己能否做到这五点 125

逆向设计：从"知识教学"走向"素养教学" 131

教学反馈：让学生的学习可见 134

课堂帮助学生寻找"那些从未存在过的知识" 139

人生有"灵魂三问"，教学也有"灵魂三问" 145

学生上课无精打采，试试"SCORE"模式 150

这10年，课堂教学发生了什么变化？ 157

新课程标准视角下，如何迎接高质量教学的变革 162

"5E"课堂教学：促进学生深度学习 168

第4章　成长新路标：实现高效的提升

我们拼命学知识，可我们恰恰忘了最重要的知识　　　　177

懂得"连接思维"，掌握未来学习主动权　　　　184

成为积极的阅读者，如同酿酒一般　　　　188

打开阅读的黑箱，让你知道阅读认知的过程　　　　193

世界阅读报告：疫情如何改变人们的阅读习惯？　　　　199

科学旗号下的"量子阅读"真的科学吗？　　　　205

"屏读"很美，但人类大脑远没有适应　　　　211

社会情感学习：培养独立的、负责任的学习者　　　　218

人类的学习纵贯一生　　　　227

成长型思维、毅力、逆商，不约而同地指向了坚毅　　　　233

参考文献　　　　239

第 **1** 章

教育新趋势：
培养未来的人才

我们正生活于转折时代。这样一个具有转变性的时代，对如何培养符合时代要求的人才提出了新的要求。

——未来学家　戴维·霍尔

站在历史转折点上的教育

　　未来学家凯文·凯利说过:"不管你在哪个行业,颠覆都不是从内部出现的,而是从外部推动的。"教育也不例外,评估的发展,产生的变革加速了教育走向未来的进程,教育在不确定性中走向未来的路径渐显峥嵘和清晰。

一、"未来学校"的探索风起云涌

　　进入互联网时代,"未来"一词在教育领域频频被提及。教育变革的呼声日益高涨的原因是,当下的教育依然是第二次工业革命时代下的模式——为社会批量输送技能型人才。以人工智能为代表的第四次工业革命已悄然来临,将给整个社会带来深刻的变革。显然,今天的教育模式已经适应不了新工业革命对人才的要求。

　　2020年年初,世界经济论坛发布了一份名为《未来学校:为第四次工业革命定义新的教育模式》的报告,提出了"教育4.0全球框架",为第四次工业革命确定优质的未来教育模式。此报告认为,未来学校需要具有八个关键特征:全球公民技能、创新创造技能、技术技能和人际关系技能、个性化及自定进度的学习、可及性和包容性学习、基于问题与协作的学习、终身学习和自主驱动的学习,从而确保儿童能创造包容且公平的未来社会。该报告对"学校"的定义比较宽泛,包括传统学校、课外课程和其他学习场所。

　　无独有偶,2020年9月,经济合作与发展组织(以下简称"OECD")发布了报告《回到教育的未来：OECD关于学校教育的四种图景》，提出了四种未来学校教育图景，具体为学校教育扩展、教育外包、学校作为学习中心和无边界学习。

由此可见，未来学校将不再由教室、教师、同学、班级、操场、实验室来定义。除了教师、社区伙伴、家长之外，其他专业人士也将扮演重要角色。另外，博物馆、图书馆、技术中心、社区等外部机构将成为学习场域。建构创新创造、技术技能、人际交往和全球公民意识四维能力的人才培养体系，创新学习范式、教育场域、教学方法和学习方式，将成为未来学校的基本趋势。

二、从智育为重走向"五育并举"

2018年9月，习近平总书记在全国教育大会上提出"五育并举"教育任务。2020年，中共中央出台了诸多政策和文件，有力地推进了"五育并举"的落地。

2020年3月20日，《中共中央 国务院关于全面加强新时代大中小学劳动教育的意见》发布。这是中华人民共和国成立以来，国家最高层面首次对大中小学劳动教育进行顶层设计和系统部署。此意见强调劳动教育是国民教育体系的重要内容，是学生成长的必要途径，具有树德、增智、强体、育美的综合育人价值，体现了劳动教育的全人教育重要价值。

10月15日，《关于全面加强和改进新时代学校体育工作的意见》和《关于全面加强和改进新时代学校美育工作的意见》发布，为全面加强和改进新时代学校体育、美育工作指明了方向并提供了根本遵循，以往常常被视为"无足轻重"的体育和美育，地位正在上升。

与此同时，"体育中考"成为2021年的"热词"。年初，云南省发布了"中考体育新政"，成为打响体育教育变革的第一枪。目前全国各地均已普遍推进体育中考，分值从30分到100分不等。据教育部有关人士透露：从2021年起，绝大多数省份体育中考分值都会增加，而且增加幅度较大。

有关"五育并举"的文件频频出台，既是推进和落实全国教育大会精神的具体举措，又彰显了国家解决教育"疏"于德、"弱"于体和美、"缺"于劳的顽疾的决心，从而促进学生的全面发展。2020年10月印发的《深化新时代教育评价改革总体方案》，提出要"改进结果评价，强化过程评价，探索增值评价，健全综合评价"，为"五育并举"提供了评价保障和杠杆导向。

三、社会情感教育受到前所未有的关注

社会情感教育并不是新鲜事物，而是学生发展核心素养的重要内容。2018年，OECD的《教育2030：未来的教育与技能》一文将社会和情感方面的能力列为"技能"三大组成部分之一。社会情感学习是学生在成长和发展过程中为了更好地适应社会环境、建立社会关系、履行社会义务、完成社会工作而进行的情感领域的学习活动。

新冠疫情的暴发引发了人们对于社会情感教育的极大关注。《柯林斯词典》将"封锁"评为2020年度词——因为它概括了数十亿人被迫限制日常生活以防控病毒蔓延的共同经历。疫情带来了隔离与封闭、恐慌与压力。与此同时，线上教育改变了教育教学的形态，让师生间的联系完全依赖互联网和信息技术。这一切导致学生面临着前所未有的心理困扰，如抑郁、焦虑、悲观、厌学等，同时也对社会情感教育提出了新的要求。

社会情感教育有助于培养学生较强的社交和情感技能，包括自我调节、自我效能、解决冲突以及拥有成长心态，以帮助他们应对动荡，为他们未来生活中的挑战提供"韧性"。此外，社会情感教育将培育同理心、勇气、毅力、灵活性和适应性等能力，将它们融合到课程与教学过程中，无疑有助于建构学生的品格和个性，鼓励学生更具创造性和社会责任意识。

四、核心素养落实路径日渐明晰

核心素养成为世界教育改革的热点。自《中国学生发展核心素养》发布

以来，教育界对核心素养的关注与日俱增。核心素养是党的教育方针的具体化，是学生培养目标与社会发展的积极互动，是宏观教育理念、培养目标与具体教育教学实践的中间桥梁。

2020年，核心素养仍处于基础教育研究的中心和热点。有学者对33本核心刊物进行统计，"核心素养"位居2020年高频关键词的首位。核心素养研究主要涉及核心素养的培养策略、学科支持和实施路径等方面的研究。它以一个维度体现在学科层面，从课程领域入手，推动核心素养在学科教学中的具体落实，即培养学科核心素养，集中体现出各学科的育人价值。它还以另一个维度在教学设计层面出现，包括了深度学习、大单元教学、大概念教学等教学设计理念和方法。这些方法指向具体学科知识背后更加本质、更为核心的概念或思想，能帮助学生建立学科内部以及学科间知识的纵横联系和深度应用，是知识转化为能力的重要途径，有利于学生关键能力、必备品格和核心价值观的培养和落实。

五、新学习范式推动学习革命

《2020全球基础教育风向标学校TOP100》报告揭示出风向标学校走向未来的六个当下趋势。其中，排在第一位的就是学习方式的变革。报告认为，学习方式的变革将成为学校变革的动力源。只有学生的学习方式发生根本性改革，教育的变革才有可能是颠覆性的。学习方式的变革一定是以学习者为中心，将知识和技能的学习融入探索过程和问题解决之中，从而培养学生的合作、交流、探究等能力及批判性思维。

2020年，创新学习范式的研究和实践不断深入，有了更新的视野和成员。游戏学习法、体验式学习、计算思维法、具身学习法、场馆学习法等进入课堂，正在撬动着课堂教学的变革。令人振奋的是，项目化学习——一种风靡全球的创新学习方式在国内取得了突破性的进展，在全国各地呈现"星星之火，可以燎原"之势。在基础教育研究领域，学者们主要探讨了项目化学习的设计与实施、效果与评价等。项目化学习正在从边缘走向主流，并涌现了一个个鲜活的项目化学习活动案例。与此同时，上海市教委出台了《义务教育项目化学习三年行动计划》，推进项目化学习的实践，促进学校教与学方式的变革。这是全国首个省级义务教育项目化学习三年行动计划。

六、对于教育的反思，正渐成"景观"

疫情带给教育的不仅是"停课不停教，停课不停学"，还带给人们对于教育的反思以及对于教育价值和本质的追问。这样的反思和追问渐渐成为"景观"，带给大家对于教育不一样的理解，带给大家教育的新视角和新视野，深刻地重塑着人们的教育价值观。

这样的教育观本质是大教育观。教育者鼓励学生从疫情这本厚重的教科书、社会这本立体的教科书中，学习"人生"的大课，主动阅读、主动观察、主动思考；引导学生关注疫情的发展态势，学习逆行者和志愿者英勇无畏的事迹，思索不确定时代下每个人与社会、环境、政府乃至世界间密不可分、相互影响的关系。

此外，大教育观还体现在我们对生命、自然、伦理、道德、信仰、健康、责任、担当、理性和敬畏等的深入探讨，人与自我、人与社会、人与自然的关系被烛照和反思。这些视角、烛照与反思，给教育教学提供了丰富的课程资源和价值引领，也给教育者带去精神的震撼和诸多启迪。珍爱生命、敬畏自然、崇尚科学、健康生活、理性思考、责任担当、家国情怀、守望相助……这些思考、回答和行动是教育直面时代挑战的价值回应，是传递教育力量的生动阐释。

七、线上教育的元年帷幕拉开

一场突如其来的新冠疫情打乱了2020年春季开学的步伐，教育部倡导的"停课不停学"更是让在线教学成为"在弦之箭"，开启了全球规模最大的在线教学实验，促进了在线教育的蓬勃发展。从线下到线上，是教育工业化迈入信息化甚至智能化的跨越。2020年，无疑是大规模在线学习的元年，同时也是未来学校和智慧校园的元年。

疫情期间的线上教学加快推进了信息技术环境建设、资源建设，更极大地推动了应用建设，促进了信息技术与教育教学的深度融合，激发了信息技术在教育发展中的变革作用。与此同时，混合学习在线上教育的推动下，也逐渐成为学习的常态，正吸引着教育者的想象力。从根本上讲，这是学习方式的多样化，是未来学习方式的必然趋势。混合学习也使得学习的个性化、定制化、终身化、泛在化、数字化、组合化成为可能，将有力地推进人类学习方式的变革，学校的形态也将去中心化、跨边界化、虚拟化、共享化、开放化和个体化。

信息技术时代真正的革命不是我们拥有多么先进或酷炫的技术，而是我们如何应用技术，如何通过技术创新教与学的范式。智能时代的数据价值也是如此。真正的革命不是我们分析数据的工具，不是数据的海量，而是我们如何应用数据。

八、对于"知识"的探讨依然在进行

对于"知识"的讨论，从文明诞生以后，从来没有停止过。古希腊哲学家苏格拉底说：知识每个人都有，只需要唤醒。他认为知识不是他传授给学生的，他所做的无非就是把学生心中的真知唤醒并挖掘出来。英国教育家、思想家斯宾塞也有过对知识的独特理解："什么知识最有价值，一致的答案就是科学。"对知识的讨论拓展了人们对教育内涵的认识。

今天，知识也正在被重新定义和解释。无论在课程改革背景下，还是在未来视域中，有一种知识日益受到关注，那就是"元认知"知识。这种知识属于新版布卢姆目标分类的第四种知识，包括自我认知、自我规划、自主学习、自我管理等。疫情后期，中国教育科学研究院进行了大范围、覆盖全面、参与人数众多的在线教育数据调研——从家长的角度看，65.45%的受访者认为自控力和自主学习能力是影响孩子在线学习效果最关键的因素。学生一旦具有扎实的元认知知识并能持之以恒地应用，那他既是知识的消费者，也是知识的创造者，更是学习的掌控者。

未来，对于"知识"依然在谈论和定义。众多的教育学者也提出对于知识的理解和认识。清华大学杨百寅教授认为，知识应该分成感性、理性和活性知识。感性知识是人类行为直接触动而形成的知识，是一种隐性知识，它的内在动力是人对外界刺激的感受性。理性知识是人类对于客观世界真实性、规律性的认识和理解。活性知识是人类对于事物重要性、价值性的认知，属于人类情感与价值的范畴，影响人的价值判断。

知识的探讨，是人们对信息时代知识发生嬗变的深刻思考，是对"人之所以成为人"的价值追问，更是教育走向未来的重要基石。

全球化时代的教育使命和责任

听到"国际视野"这个词时，你会想到什么？你的脑海中可能会想到"英文说得好"，能够与外国人进行毫无障碍的交流；或者你会想到经常有机会出国，能带着学生去国外访学或者旅行；或许你还会认为国际视野是精英学校或高端学校、国际学校才会有的东西。

其实，国际视野并不遥远，在我们的文化中有着深厚的根基。明朝顾宪成在《题东林书院》中说道："风声雨声读书声声声入耳，家事国事天下事事事关心"；《孟子》提到"穷则独善其身，达则兼济天下"；还有2020年疫情阻击战中引爆网络的"山川异域，风月同天""青山一道同云雨，明月何曾是两乡"等句子。这些诗词将中国文化的修养身心与担当天下己任、国际视野、世界情怀完整地和深刻地呈现出来。

随着全球化、知识信息时代的到来和深化，世界正在发生深刻的、颠覆性的变革，变成一个人们联系日益密切的"地球村"，呈现出诸多的特征。

首先，信息是人与人交往的媒介。信息传播速度是衡量科技和文明发展的主要标志。大家都熟悉"驿站"这个词。古代人们传递信息都是靠人和马，全国各地建了很多"驿站"，供人与马休息。当时跑得最快的马"日行五百"，上海到重庆距离是大约2 000千米，也就是说，将一封信从上海送到重庆，需要整整8天。但是今天，如果我们发一封E-mail或者一条微信消息，世界的任何角落几乎在同一时间能够收到。我们进入了信息传递的"极速时代"。

其次，全球化的经济正在改变着我们每个人的生活。在我们每个人的身上或者家里，几乎已经找不到"完全意义"上的中国商品。很多产品，在一个国家设计，用另一个国家的原材料，在第三个国家生产，然后被第四个国家的消费者购买和使用。

还有，国际交往和迁移的规模比以往任何时候都要巨大。截至2020年11月，全球人口总数为75亿多，而全球移民达2.7亿人。如果把所有移民数量看作一个国家的人口，那它将是世界第四大人口大国，仅次于中国、印度和美国。

最后，今日世界乃至明天世界正在出现日益复杂的问题，如气候变化、贫穷、疫病蔓延、文化冲突、核能控制等。这些问题需要世界各国人民协同努力去解决。在全球化的时代，任何一个人都不能"独善其身"，任何一个集体都不能"独发其力"，任何一个政府都不能"独施其政"，否则我们将进入无限的"旋涡"之中。

全球化无疑正在影响我们生活的方方面面。全球化的影响和现实意味着，在"他们"那里发生的事情现在会影响"我们"这里发生的事情。教育的价值、场域、要素也随之发生嬗变和调整，教育正在进入"重新定义"的时代。如果要让你的学生适应全球化的世界，那你得首先要成为具有国际视野的"全球教师"。

美国全球教师库罗斯曾经提出了3个概念："课堂教师""学校教师"和"全球教师"，代表3种不同的教师角色。简单地说，"课堂教师"就是把教室的门关上的教师——他只关注课堂和学生，只是关注教材和教参，导致世界与学生、学生与他人的关系变弱，导致学生的学习与生活和世界割裂。他们拒绝关心教室外面的事情和教育中的问题。当自己教室里出现问题时，他们通常束手无策。

"学校教师"，从字面来看，是指学校里的教师，学校围墙里的教师。他们珍惜与他人建立联系的机会，与教室里的每一个学生以及学校其他学生和教育工作者建立联系，与他人公开分享自己的做法。他们还接受他人分享的观点，并重新内化优化，在自己的课堂上尝试、实践，努力让每个人都变得更好。他们把学校看作一个村庄，他们的专业知识和经验被成倍地、无限地分享。这样的结果是不仅帮助了他们班级的孩子，而且帮助了他们学校的所有学生。

库罗斯说，全球教师是每一个教师应该追求的理想和目标，是一个通常拥有课堂最优秀元素的教师。他们的关注点是"什么对孩子最好或者最有利"，不管孩子是在街对面的学校里，还是在大洋彼岸的学校里。他们教书是因为他们热爱学生，并且愿意帮助他们中的每一个人，不管他们身处何地、身在何时。他们将世界上过去发生、正在发生和即将发生的人类文明和精华呈现给学生，引导学生用世界的眼光思考和行动。

在全球化的时代，成为一名具有国际视野的"全球教师"应该是时代变革下的必然追求和定位。具有国际视野的"全球教师"具有很多特质或品质。笔者试图用自己的理解建构具有国际视野的教师图像——"他"需要有5种"力"：专注力、接纳力、洞察力、行动力和整合力。

这儿阐释一下5个"力"的内涵和意义。

专注力，我们只有深刻地认同职业以及其背后的价值和意义，专注于我们的职业，才能"行正而致远"，在教师职业的道路上走得欢欣而久远。教师是一个非凡的职业，我们的手中掌握着世界的未来。有些教师存在着职业困惑、倦怠，原因在于缺乏对职业的认同和对教育本质的深刻理解。其实，教育的本质从古到今、从西方到东方其实都很相似。在中国传统文化中被称为传道、授业、解惑。西方文化中教育要传递态度（altitude）、能力（ability）和知识（knowledge）。也就是说，教育的本质始终是价值引领、能力培养和知识传授，培养如何做人、如何做事。

接纳力，即是"在悦纳中不断拓展自我边界"。悦纳什么？悦纳变化、挑战和新知；悦纳他人、不同观点和新鲜事物。悦纳能够帮助我们持续获取职业激情，消除职业倦怠感。在这儿笔者想与大家分享一个故事。

2016年，笔者曾经在美国研修，到一所学校做"影子教师"，每天会到不同的课堂听课学习。有一天，一位地理教师看到笔者经过她的教室，马上拉住我，脱口而出："你为什么不来听我的课？我还在等你继续来听课呢。"其实，在笔者来到他们学校的第三天，就已经听过她的一节课。见此，笔者只好放弃了原定的听课计划，走进她的课堂。另一位是高中英语教师，那天笔者听了她的课后，她花了整整一节课的时间和我交流上课的内容。笔者临走时，她还主动送了很多教学资料。

这两位教师并不年轻，看上去应该有50多岁，却乐于打开课堂，与他人分享，建立联系，而且可以看出她们对于教育情有独钟，充满了热情和专注。岁月在她们的脸上留下了痕迹，但是并没有带走她们对教育的热诚。她们关注的不仅仅是自己课堂上的学生，而是世界上所有课堂的学生，希望通过分享、交流将"最好和最合适"的内容带给他人，并影响和改变他人。

洞察力是指以多元理解获取教育的洞见。今天，我们缺少的并不是知识，而是见识；稀缺的不是信息，而是智慧。对于纷繁复杂的教育现象，我们尤其需要见识和智慧，洞察现象背后的本质。

这里再分享第二个故事《锁麟囊》。这个故事讲的是古代登州一大户人家小姐薛湘灵出嫁，途中遇到下雨，到一座亭子里避雨。恰巧又来了一抬花轿，轿中是贫家女赵守贞，但是却因家境贫寒，嫁妆寒酸而哭泣。薛湘灵得知情由，相赠锁麟囊。这个锁麟囊里装满了珠宝。之后两人各奔东西。6年后的一次大水，使得薛湘灵与家人失散，漂泊到了莱州。为一家姓卢的员外家照看孩子。一日，湘灵偶尔发现自己以前的锁麟囊在小孩手上，触景生情，开始哭泣了起来。原来，卢夫人就是当时的贫女赵守贞，而薛湘灵即是当年的赠囊人。当然，结局皆大欢喜。在中华民族的文化视域中，我们可以从中看到"感恩图报""善有善报"等传统道德，也可以体会到"好花不常开，好景不常在""世事无常"的生活哲理。

《锁麟囊》的故事被美国的一套小学英语教材采用，是"Doing the right thing"（做好事）单元的一篇文章，围绕"什么使人们做好事"展开，探讨和学习一个人做好事的原因。显而易见，将这个故事选入教材的立意是引导学生去做一个好人，价值立意是"善"字。当一个美国人表扬别人时常用的词就是"Nice"或"Friendly"，也是"好人""善良的人"的意思。这个案例告诉我们，教育图像离不开文化的映照，还告诉我们"横看成岭侧成峰"，各有高低各不同，需要用多元视角的洞察来看待社会和教育现象。

行动力，主要是指教师要"拥抱"教育创新技术和方法。在数字化时代，我们原来的知识传输和建立方式都在发生巨大的变化，无论在世界范围内，还是在我国，教育新技术和手段正在不断升级换代，重塑着我们的物理空间。伴随着技术的变化和进化，教学新概念和新方法正在扑面而来，冲击和激荡着我们原来的教育教学模式和教学流程，如项目化学习、大概念教学、场馆学习、探究式学习、综合实践活动等。一名具有国际视野的教师，一定是会海纳百川，将具有现代理念、以学生为中心的教学方法搬到课堂上的人。

整合力，是指如今我们经常讲要"将世界变成课堂"，引导学生在真实的世界中，以更开阔的视野去认识世界，探索世界。从实践的层面，我们要带领学生走出课堂，到真实的世界探索。然而，我们更应该追求"可能"和"常态"下的"世界课堂"，将世界搬入课堂，在教室的"一方池塘"引入人类文明的"万般气象"，建设"世界课堂"。以下是以"世界五大洲"为主题的教学案例。

第一步：班级有25个学生，教师把他们分成5组。每组代表一个洲。

第二步：教师将自我评估量表和同伴互评表提前告诉学生。评估标准基于核心知识、概念和素养。

第三步：在教师的指导下，每个团队讨论研究和学习的内容，即气候、动物种群、植物种群、文化、宗教、种族、国家和语言。

　　第四步：师生协同进行迭代，修改研究的方向，把时差和货币放进去，目的是发展数学计算，开展研究和学习。

　　第五步：学生在英语教师指导下，去制作一份关于此洲有趣的旅游广告。

　　第六步：这个主题在音乐课中开展。学生去了解全球音乐文化。

　　这个案例不仅融入了学生国际视野和全球胜任力的培养，而且应用了多种高质量的、以学生为中心、以世界为纬度、以学习为目标的课堂新方法，如责任导向的小组合作、评价导向的教学过程、探究导向的学习过程、跨学科的整合等。

美国教育界最关注的趋势是什么？
"成长型思维"排在第一

如何看懂未来的教育，如何把握教育的趋势，是一个令人困惑、许多人都在追问的问题。在时代遽变的今天，教育变得从来没有像今天这样令人眼花缭乱，扑朔迷离。然而，在大数据时代，一切又变得那么简单。大数据就是答案，人们用自己的行为清楚地告诉自己想要什么，未来将是如何。今天的脚印分明就是明天的路径。

一、美国教育的热点和趋势

美国的很多数字化公司热衷于根据数据和媒介互动预测未来，如脸书（Facebook）、谷歌（Google）新闻、苹果新闻。教学思想（Teach Thought）是美国一个致力于K-12教育创新的研究机构。它通过思想引导、资源策划、课程开发、"播客"出版，以及学校面对面的专业发展指导来提高教学质量，培养教师掌握新式教学方法和探索未来教育的发展方向。

2018年底该教育机构发布了《2018年美国教育趋势》报告，揭示如今美国教育工作者最为关注的20个教育发展趋势。研究者通过多种途径采集教育大数据，提炼教育热点和趋势。

这20个教育内容入选的标准，一是"必须是热门的，受到广泛关注的"，二是基于教育创新研究机构研究的"教学思想"。所以入选的内容涉及某种形式创新或者教育的发展趋势。

那么究竟哪些是最受关注的教育方式，究竟什么是美国教育所关心的趋势？报告从海量的信息和数据中，按照满分10分从高到低排序，排出了19项内容：

（1）成长型思维（10分）；

（2）创客学习（9.7分）；

（3）布卢姆教育目标分类学及其应用目标分类法（9.7分）；

（4）信息素养（9.4分）；

（5）个性化学习（9.0分）；

（6）项目化学习（8.8分）；

（7）为了学习的团队学习（8.6分）；

（8）混合式学习（8.5分）；

（9）天才一小时（Genius Hour）（8.2分）；

（10）同理心（8.0分）；

（11）教育技术支撑学生学习的适度性（7.8）；

（12）社会情感教育（7.5）；

（13）创新型学校办学模式（7.2）；

（14）机器人/编程（6.9）；

（15）多元评价（6.8）；

（16）基于脑科学的学习（6.5）；

（17）游戏化教学（6.3）；

（18）自适应学习算法（6.1）；

（19）移动学习（5.8）。

研究者在报告中还提到，从哲学层面来谈论最受关注的教育趋势会引起歧义，也许人们会误认为"最受关注"就是"最为有效"或"最好"的教育实践。报告提醒人们这些内容只是如今最关注而已，并不是最具创新性、最令人激动，或者最有效的教育内容。

二、它们为什么能上榜?

20项教育内容,没有一项是学科知识、考试内容或教学课件,也没有美国国内宏观的教育改革政策,而是超越传统的学习方法或形态。

令人惊讶的是,人们一直很关注的STEM教育竟然没有罗列在内,与其相关的创客教学、机器人和编程学习则名列其中。或许STEM教育本身存在跨学科知识糅合的复杂性,学科跨界的不确定性,以及对学校课程设置、教师课程开发和设计能力提出的巨大挑战,导致了教育工作者真正关注并不多,在课堂中实践较少。相对来说,创客教学或机器人和编程教学更加具象,容易操作,课程的落地或实施更容易些。

有时,教育在理念和实践中会存在"鸿沟",正如理想和现实总会存在差异,尽管STEM教育的理念确实令人心潮澎湃,激动不已,对于培养学生的创新素养和实践能力确实会有巨大的推动作用,然而,其内在的要求与现实的教育体制和模式存在着"水土不服"的问题,存在着"泛化"的现象。正如今天国内很多据说是STEM教育,事实上只是劳技学科或者小发明小创造的翻版而已,只不过是迎合当今的热点,应景地包装而来的。

如今非常热门的项目化学习,排在美国热门教育的第六名,可以算是STEM教育的一种具象表现吧。如今种种跨学科课程或学习基本上都是以项目化学习的形式来组织的,STEM教育只是其中一种而已。

三、第一名是成长型思维

排在美国热门教育第一名的是成长型思维,还有其他入选的如基于脑科学的学习、布卢姆目标分类法等,都属于科学学习领域的研究成果和实践。当今国际上教育极其重视学习科学的研究。科学家和教育者研究大脑是如何学习的,研究思维是如何发展的,认知是如何发生的,会涉及心理学、教育学、神经学和行为学等多种学科。教育绝对是一门科学,因为它观察、分析、跟踪学习者的学习、心理和行为方式，然后建构理论，建立模型，再建范式，供教师们教学使用。

"成长型思维"概念就是很典型的研究成果，被公认为近几十年里最有影响的心理学研究之一。此理论的提出者是斯坦福大学教授卡罗尔·德韦克教授。他发现思维模式对我们想要什么以及能否成功达到目标至关重要。与固定型思维不同的是，成长型思维认为人的能力不是固定的，而是可以通过后天的培养和学习改变的，成长型思维既有助于培养孩子面对困难和挑战的积极态度，还将通过激发更活跃的大脑活动，提高孩子的智商。

因此，美国几乎每个学校都用各种方式在日常教学中融入这一思想。大多数学校都不约而同地在最显眼的地方张贴着这样关于成长型思维的海报，以及在日常教学中培养学生的成长型思维。

四、幸福和成功的能力：社会情感能力和同理心

与成长型思维相似的还有社会情感能力，同样属于非认知领域范畴，被认为是影响一个人成功和幸福的关键因素。社会情感能力主要指责任感、自信、批判性思维、动机、持久力和创造力、自我效能和自我控制等。

很多研究证明，人的幸福和成功，越来越受制于社会与情感能力的发展水平，这项能力面向21世纪的核心能力。2021年经合组织组织了面向全球的青少年社会与情感能力素养测评项目，与大家熟知的阅读、教学和科学测评项目一样，颇受关注。

美国热门教育趋势第十名的同理心也同样如此。它是一种移情能力，把自我放下，投入到对方的世界中去，从而真正地理解对方。成长型思维、社会情感能力、同理心三者显示着相同的特点：学生的学习不仅仅依赖智商或者认知水平，还依赖思维和情感，也就是我们常说的非智力因素。在今天的语境下，就是所谓的核心能力，能够在面对充满不确定和复杂性的未来，能

够坦然地面对挑战。无论何时何地，人的幸福能力培养永远是教育的关键，而且，人的幸福能力是可以培养的。

五、不容忽视的"个性化教育"

在20个上榜的趋势里，还有个主题不容忽视，那就是个性化教学。如何因材施教，满足不同个体和学生的需要一直是世界教育的难题，也是美国教育者关注的内容。还有"天才一小时"、多元评价、自适应学习法等，都是个性化教学更具体的实践。在国内很少听说自适应学习法，其实这是指根据学生的表现，给出匹配学生学习程度的学习资源，或稍微有些难度和挑战的资源，以促进学生学习。总之，这是一种因材施教的技术，也使得学生有属于自己的学习轨迹和进度。

六、美国对"技术＋教育"的态度

21世纪是信息技术的时代，教育早已经与科技融合为一体。尽管苹果公司创始人乔布斯在其生命的最后几年多次感叹："为什么计算机改变了几乎所有领域，却唯独对学校教育的影响小得令人吃惊？"

不难从大数据看出，美国的教育者对科技在教育中的应用抱有浓厚兴趣。信息技术在教育中的应用越来越广泛：移动学习、混合式学习和游戏化学习都"飞入寻常百姓家"，成为学生学习的主流模式，尤其是云计算、大数据、移动通信、机器学习、可穿戴计算纷纷取得突破。互联网的功能越来越强大，更是让教育的信息化和个性化搭乘上了快速飞驰的列车。从报告中，我们也依稀看到美国人在课堂中引入信息技术的谨慎、理性和冷静。"教育技术支撑学生学习的适度性"排在美国热门教育趋势的第十一名则说明了这样的问题：教育无法抗拒信息时代的到来，但是学生绝不能成为信息技术的工具或奴隶。适宜性是信息化时代我们所面临的重要课题。

七、经典还是经典

虽说是教育创新和发展趋势的报告，然而列在美国热门教育趋势前20名中的却有布卢姆教育目标分类学，可谓是"老树开新花"，生机勃勃。这说明布卢姆教育目标分类学具有极强的生命力，尤其在2001年，布卢姆学习目标分类又进行了一次修订，将人的认知方式从名词形式调整为现在的动名词形式，更强调学生的学习行为。而且将"创造"作为学习的最高层次目标，更加体现出今天对人的创新能力培养和关注的育人方向。

在某种程度上，布卢姆教育目标分类可谓是如今诸多教育方法和技术的鼻祖，所以布卢姆教育目标分类法位列其中也毫不奇怪。

八、我们能够从中获得什么启示

智能化的时代，我们常常在讨论科技如何解放人类，智能如何服务人类，然而人最不能被人工智能替代的是人性。正如这些大数据所显示的，社会情感能力促进了人们对失败或成功进行积极思考。

人之所以成为人，是因为我们对于自我和世界感知的丰富性和多元性。我们要"拥抱"时代、"拥抱"科技，然而断不能被科技所奴役，忽视对于人的精神和灵魂的追求。其实，个性化的教学也是对于"人之所以是人"教育理念的肯定和尊崇。人不是生产流水线上的产品，无法统一定制，也无法大规模地生产。每个学生都是独特的个体，每个学生的大脑都是独一无二的学习和认知空间。

尊重每一个学生的个性，顺应每一位学生的学习需求不仅是个性化教育的必须，也是在科技日益发达、知识复制极其容易、学习工具迭代迅速的今天，我们所必须珍视的。传统的教育模式难以支撑大规模的个性化学习服务，发展技术就是为了支持人的个性化学习，尤其是要重视学生的学习行为数据的挖掘，从而更好地服务个性化发展。为学生造就多样的学习经历和学习方式，而不是增加学习内容，这是教育创新的基础。今天的学习是未来生活的预演。学生学习的内容要关注生活本身，运用知识在真实的场景中解决生活中的问题，而不仅仅是单一知识的维度。整个学习过程在问题驱动中发生，强调的是学生的团队合作，融入社会责任、交流合作能力和批判性思维、创造力的培养，才能超越知识的传递，走向未来的生活。

看清当下，启迪未来，或许是这份报告带给我们最大的启发！

如果我们不能为孩子准备好未来，
那么他们将失去未来

进化，从最广泛的意义上说，是一种力量，是推动人类在过往、当前和未来朝着更好的生活方式迈进的动力。教育，如同所有的领域一样，正随着新的机会和力量的出现而发展，孕育着未来。

一、教育的本质属性是时代性

教育，从诞生到现在，已经有了数千年的历史。我们经常说，一代人有一代人的使命，每一代人都有其应该承担的担当和责任。教育同样如此。人类社会生产关系的改变、生产力的发展总会催生教育以新的形态出现，承担新的使命。教育的本质属性是时代性。

人类经历过3种教育方式，分别是：农耕社会局限于极小范围人群传播的口口相传的教育方式、近代工业社会依赖印刷术和造纸术的文字教育方式以及21世纪在信息化浪潮裹挟和带动下的数字化教育。每一次教育变革都是时代变革和技术发展的产物。新兴技术应该是教育发展的驱动力。如今我们最熟稔的传统学校制度就是近代大工业发展下的产物，追求规模和效益，注重标准和统一，这与近代工业的产业特点如出一辙。

当下的时代是充满挑战和变数的时代。教育正如行驶在浩瀚大海的巨轮，既要面对时代的"惊涛骇浪"，又要应对发展的"暗礁巨石"。"惊涛骇浪"是随着以互联网、物联网、大数据互联互通、深度融合为标志的人工智能时代的到来。人们工作的类型、就业的概念、学习的界限将发生前所未有的变化。著名儿童心理学家兰海曾在一次论坛上展示了三组数据。第一组是20和47%，意思是现在的工作20年之后有47%会消失，即近一半的人会失业。第二组数字是65%，意思是20年以后可能有65%的工作岗位都是现在我们并不知道的。第三组数据是45%和55%，意思是我们的学生进入职场工作时，45%的技能源自学校学习的那些可用标准化方法测试出来的结果，而55%源自我们身上所拥有关键能力，包括独立思考的能力、沟通表达的能力和自我认知的能力等。

由于技术快速发展，迭代的间隔时间变得越来越短。人类进入网络时代才20多年，但是这20多年里，人类已经从IT（信息）时代进入了DT（数据）时代，又从DT进入了AI（人工智能）时代，仅仅数年就跨越了一个时代。世界变化之快让人咋舌。这如同我们乘坐高铁，刚到一站，还未看到是哪一站，一下子又到了下一站。我们的学生将面对的是不确定的世界，这对教育提出了使命和要求。如果我们不能为孩子准备好未来，那么他们将失去未来。

教育在面对"惊涛骇浪"的同时，还要应对"暗礁巨石"。"暗礁巨石"是指社会、经济和教育诸多领域突如其来、难以预测的"黑天鹅"事件。例如，一场史无前例的疫情，如深水炸弹一般，激起千层浪、万丈水，促进了教育领域的深刻变革，如教育理念的嬗变、学习空间的重构、师生关系的重建和学习方式的重组等。"黑天鹅"事件难以预测，突如其来，猝不及防，对教育的治理能力和体系、教育者的应急管理水平和应对能力提出了挑战。

二、技术赋能教育，创新驱动变革

如果选择一种视角来解释教育演进的话，技术必然是一种重要和清晰的选项。我们可以从互联网的发展见证教育的演进和变革，在互联网的相应阶段找到对应的教育模式。

Web 1.0是万维网概念演变的早期阶段，绝大多数用户只是充当内容的消费者。Web 1.0网页的信息不允许外部编辑，因此，信息不是动态的。从技术上讲，Web 1.0专注于呈现，而不是创建用户生成的内容，其信息传递方式反映了近百年来的工业历史。教育1.0和Web 1.0一样，基本上是单向的，是一种标准化和"一刀切"的教育。学习者被视为知识的容器。作为容器，他们没有独特的个人特征，知识从教师向学生单向传播。学生的活动是孤立的，学习以"听老师说、记笔记、学课文、做作业"为基础，通过统一的标准化考试进行反馈。

到了Web 2.0时代，社交媒体发展迅速，内容和用户之间以及用户本身之间开始产生互动。用户从仅仅访问信息和内容转变为能够通过评论、重新组合和通过社交网络共享内容直接与内容交互。史蒂夫·哈格顿指出，Web 2.0反映了技术促进或创造的新思维方式，强调直接进行积极对话，不依赖自上而下的管理，而是同侪反馈和指导。

教育也由此进入2.0阶段，包括师生间的更多互动，学生与学生之间的协作，家庭与学校、工作之间的界限模糊的合作学习、在线学习，以及更多地使用网络和社交媒体。项目化学习、场馆学习、全球化学习、STEM学习等学习方式开始兴起。师生关系和生生关系被视为学习过程的一部分。

只是，Web 2.0技术被用来增强传统的教育方法时，教育技术被嵌入了教育1.0的框架中。尽管其正在为更广泛的变革奠定基础，但教育进程本身并没有发生重大变革。无论是教育1.0，还是教育2.0，技术对学校的影响日益增强，但只是起到辅助的作用，并没有对现有的教育方式产生根本性的影响——教师仍然是学习的指挥者、知识的传播者。发生变化的只是教师不再拿着粉笔写板书，而是在电子屏幕上展示内容。这种做法加快了知识的传播和呈现速度，却没有改变传统的教学模式。

而今教育3.0时代正在到来。它是以学生自我为导向、以兴趣为基础，培养学生问题解决、创新和创造力的教育。这背后是Web 3.0的技术无所不在，使得学习内容免费、易得和高度互联。以多向多维交互为特征的教学网络空间的功能无比强大，正有取代传统教学空间之势。学生能够在任何时间、任何地点获取任何学习内容，使得泛在教育成为可能。

三、教育3.0成就未来学校

教育是系统的存在。教育3.0下的未来学校将在诸多领域发生深刻的变化，在技术变革下催生新的形态和要素。最引人注目的是，教育从1.0到3.0的转变是从技术到人的转变。

（一）学生将是知识的连接者、创造者和自主建构者

学生将是知识的连接者、创造者，不再是知识的容器和被动的接受者。他们能充分利用学习资源获取知识，并将它们连接起来，形成完整和系统的知识体系。学生还是学习的自主建构者，可以进行自我决定和自我驱动的学习。在这个学习过程中，他们不仅决定了自我学习旅程的方向，而且对学习的内容进行赋能和创新。教师也从教学的中心地位变成学生的学习伙伴以及资源的"向导"。

（二）教与学的维度将得以无限拓展

以往的教育通常是一名教师对着众多学生的课堂模式，或者是进步主义下适应学生经验和个性发展的模式。教育3.0具有鲜明的协同建构主义特征，拥有极其丰富多元的互动维度，如教师与学生、学生与学生、学生与教师、学生与科技和同伴等。学生还能根据自己感兴趣的行业或学科，与校外的行业专家进行互动和交流，甚至结成同侪关系。网络技术的发展为之提供了可能和便利。

（三）学习的本质是意义的获得

学习将具有高度的社会化、情境化和互联化的特征。知识不再是孤立的，不再与外部世界割裂，不再与知识的结构割裂。学生在有意义的场景中参与真实的任务，将发现学习、协作活动和实践活动整合到学习活动中，获取知识和学习的意义，回归学习的本质。

（四）学习场所将被重新定义

以往学校被认为是学生唯一的学习场所，学习只能在有四面冷冰冰的墙围起来的教室里发生，后来学习场所的空间得以拓展，从教室走向网络，变得无穷"大"。教育3.0的学习场所则从"大"变成了"多"，学校的概念变得极其模糊，学习场所完全融入所有的社会场所，如公园、博物馆、工厂、办公室、酒吧、网球馆、咖啡馆等。

（五）定制化将使教育充满活力

每个学生的学习方式和节奏都会有所不同。在过去，表现不佳的学生几乎没有其他选择，只能成为"陪读者"和"旁观者"，然后不断地体验挫折，直至被贴上"失败者"的标签。同样的道理，成绩优异的学生往往缺乏具有挑战性的任务，丧失了学习的动机和兴趣。小型化、多样化和个性化是未来社会的基本特征和持久走向。Web 3.0为学生的个性化学习和定制提供了多样的工具，可以达到精准的层次。学校还可以借助大数据跟踪学生的学习过程，分析学生的错误并找出问题所在，从而使教师能够帮助陷入困境的学生并支持有天赋的学生。

（六）创造力和批判性思维是最重要的竞争力

传统的教育很少鼓励学生合作、创新和进行批判性思考。中世纪时的欧洲修道院里，年幼的男孩按照服从和忠诚的教育体系来培养，被置于服从的角色，只需要知道教师教他们什么。到了大工业时代，这样的教育体系还加上了"效率"的要求，以满足工业大生产对知识的需求。学生被视为工厂里生产流水线上的产品，标准化和统一化、填鸭式和速成式的学习方式成了首选。在智能化时代，知识学习不再是主要的任务，网络可以帮助人们获取想要的知识。要在未来超越机器智能，能够生存，学生应该学习如何创新和批判性思考。唯有拥有这样的素养，学生才能赶超知识产生的速度，跟上时代的步伐，从而获得未来。

"双减"当下，是重塑教育话语和行动体系之时

2021年的"双减"政策，可谓是中国基础教育界最重要的事件，以雷霆万钧之势，引发了教育生态的大变局。"双减"政策的逻辑起点绝不仅仅是减轻学生过重的学业负担，而是为了治疗教育军备竞赛和校外培训乱象的顽疾，塑造良好的教育生态，回归教育的本质，使学生实现全面发展和个性发展。

当我们在考虑教育"不做"或者"少做"些什么的时候，也应该思考教育应该"做些"或者"多做"些什么。在"双减"政策高歌猛进的当下，在世界日益复杂、不确定和不稳定的今天，正是我们重归教育本质、重塑教育生态、重构教育体系的契机。

一、我们需要识别学生个人特长和兴趣的支持系统

学生负担过重的原因，主要是"唯分数""唯升学"的功利主义横行。在"唯分数""唯升学"的指挥棒作用下，教育竞赛如火如荼、轰轰烈烈，校外培训风生水起、乱象丛生。"双减"政策的目的之一，是将学生从"唯分数"和"唯升学"的泥潭中拯救出来，减轻过重的学业负担，还学生幸福和健康成长的童年。

我们不得不承认，无论是今天的学校教育还是家庭教育，都没有给学生提供学生探索自我足够的广阔空间，也缺乏提供学生识别自我个人特长和兴趣的支持系统。目前的教育体系是19世纪教育模式的遗产，该模式是为支持工业革命而建立的。今天，和过去一样，学生们成排地坐着。不管他们是否

有兴趣或天生的能力，他们都以同样的方式学习同样的东西。学生们只是遵循特定的、统一的学习过程，几乎没有自主和自由的空间。评价的基础是他们记忆事实的能力，而不是他们如何应用这些知识的能力。

家庭教育在这方面同样欠缺。很多家长只看到自己，希望孩子能够帮助家长实现自己没有实现的愿望，而没有看到孩子，关注孩子自己想成为什么样的人。还有的家长只看到当下，让孩子拼命学习、超前学习，从而获得好的分数，考上好的学校，却没有看到未来，焦虑、抑郁、社交障碍无法让孩子真正赢得人生和未来。也有家长只看到部分，却没有看到整体。一个幸福且有成就的人，与思想、灵魂、情感、身体、人格的健全是分不开的。

著名教育学者杨东平曾经在一次访谈中谈到世界上一些国家的教育，其中谈到英国的伊顿公学的例子。那里的学生全都是上半天课。上午半天是课堂学习时间，下午是户外活动时间。整个下午，学生们全部在操场上，开展足球、橄榄球、篮球等各种各样的活动。

一衣带水的近邻日本也如出一辙。杨东平参加过一个中日高中生交流项目的评估，中国学生回来说，日本的普通高中上午半天上课，下午全部是课外活动，包括花道、棋道、剑道、跆拳道等，玩得可开心了。这些国家教育的特点就是，提供给孩子充裕的发现路径和成长路径。尽管看似孩子学习的时间不长，但是并不影响孩子的成长和成才。

给孩子足够的机会去选择，给孩子足够的时间去闲暇，是好的教育的基本标准。孩子只有在多元的选择中，才能探索自己成长的可能性，找到自己的激情所在。这既是一种成长的经历和过程，也是成功的必备基础和前提。足够的闲暇能让孩子发展出长期的深层兴趣，并像农耕时代的作物，不紧不慢地茁壮成长。

无论是学校，还是家庭，应该多尊重孩子，尤其要尊重孩子自身的个性和孩子的成长规律，找到适合孩子成长的路。只有引导孩子找到自我，找到一条最适合他的路，才能让孩子更好地成长。无论是学校的资源还是家庭的教育，都应该为孩子提供多种具有选择性的资源及机制去开发其潜能和特长。

"双减"政策，为孩子选择的机会和闲暇时光提供了契机，也对学校教育和家庭教育提出了挑战：学校和家长要思考如何满足孩子的个性发展和需求。

二、我们需要培养强有力的生活和工作技能的目标体系

哈佛教育学院前院长、帕克特许学校创始人泰德·西泽认为：任何形式的学习首要目标，除了可能带给我们乐趣之外，还需要能在未来为我们所用。学习不应当只是能够带我们到某些地方，而应当能使我们往后更轻松地走得更远。教育在承担培养学生幸福的责任，具有价值功能的同时，还具有致用功能，也就是让孩子更好地面对未来社会的挑战。

工作的性质正在发生变化，以我们尚未完全掌握的速度进行。虽然没有人确定将来会有什么样的工作，但很明显的是，许多人工重复的工作将被自动化和人工智能所取代。工作场所将充斥着机器人、物联网和人工智能。在我们日益自动化的社会中，最不可能过时的工作是那些需要专家型思考、批判性思维能力、复杂沟通的工作。面对不确定的明天，教育迫切需要以新的体系为未来的工作做好准备。学生在学校里掌握专业技能已经不足以在这个变化无常、复杂和模糊的世界中导航。

无论将来要从事什么工作、解决什么问题，都需要基本的学术能力——语言技能、计算能力以及学科能力。这些能力是所谓的"硬技能"或者认知能力，是当下学校教育和家庭关注的重点。它们确实很重要，是发展新知识的原材料，也是跨越学科边界进行思考和链接的基础。

然而，"软技能"，即职业道德、解决问题、批判性思维、协作、沟通、领导、时间管理、灵活性、社交和情商等，将比以往任何时候都更加重要。世界上的重要教育报告和关于未来职业的预测、调查几乎无一例外地提到"软技能"的重要性，尽管对于软技能的重要性排序有所不同。

这些"软技能"在一定程度上处于学校教育和家庭教育的边缘地带，并

没有引起足够的重视。这些"软技能"或许并不能用一张试卷或者分数评判，或许常被认为是"无用"或"无形"的，但却是一个人的"硬核"素养，能够决定孩子未来的人生成就和幸福指数。

从世界范围来看，当今各国教育改革的重心之一就是将"软技能"的培养纳入课程改革的范畴。最为常见的是两种模式为独立式的技能培养模式和嵌入式的课程融入模式。经合组织《面向2030的学习框架》就将变革能力和其他关键概念转化为一套具体结构（如创造力、批判性思维、责任感、恢复力、协作），以便教师和学校领导能够更好地将其纳入课程。

我们应当自问，怎样才能为所有学生提供真正的、独特的和创新的学习经验和最佳路径，促进这些基本技能的发展？如果我们为他们提供更积极的学习和探索世界的方法，而不仅仅是用死记硬背的方法要求学生记忆那些割裂、琐碎的知识，那么无论他们最终决定做什么，都将拥有"软技能"。这些将使他们能够为适应不断变化的社会、人际、职业系统做好充分的准备。

无论是哪种模式，最好的方法是专题学习，即让学生参与一个小组项目研究，学生在团队内可以紧密合作、沟通、建立联系、承担责任、展示和解决问题。学生被赋予了一项开放式、复杂性的任务，而不是传统的作业或评估时，他们通常可能超越对内容的基本回忆，而运用多种"软技能"去解决问题。

三、我们需要教授学生获得和创新知识的学习方式

几乎任何人都可以在网上以免费或者极低的成本获得他们需要的信息、事实和知识。如今的学生越来越依赖技术及其带来的好处，高度的依赖意味着他们在学习中不必记忆简单的事实，甚至学习书写和计算等基本技能。最重要的是，他们正在慢慢地成为被动的存在，被技术所席卷和绑架，成了在学习任务驱动下的"工具人"。

互联网提供了一个令人难以置信的研究工具，可以成为他们最好的朋友或最坏的敌人。获取信息是容易的，但是获取好的信息往往要复杂得多。学

生需要被引导如何筛选主题，找到他们所需要的，并且能够识别他们所发现的内容。他们需要辨别事实信息和听起来真实的观点之间的区别。这是培养批判性思维、判断能力和研究能力的起点。但是在我们的课堂和家庭里，孩子们很少被告诉这些，或者实践这些方法。

创新知识的核心是应用和发展知识。学生找到所需要的知识之后，应该试着去回答这些问题：我能用这些内容做些什么？如何应用这些内容？如何利用丰富的信息解决问题？唯有这样，学生才真正获得知识并且创新知识。

世界经济论坛发布的《未来学校》提出了转变学习经验的4个关键：个性化和自定进度的学习、可及性和包容性的学习、基于协作的学习、终身学习和学生自驱动的学习。这4种方法超越了知识和事实的获取，基于学生的个体节奏和需要，强调真实性和创造性，满足知识应用和创新的需求。

在这样的学习文化中，教师提供的不是基本事实，而是帮助学生建立深刻理解的框架，帮助学生学习如何创造性和有效地运用知识，帮助学生如何成为强有力的批判性思考者。学生对这些核心学科中建构知识的基本概念有深刻的理解，并使用这些概念来解决复杂问题。教师教学生在学习中发现和创造意义，而不是简单地掌握一系列技能。

无论是在学校还是家庭，学习不仅关乎结果，还有探索、提问、发现和找到答案的喜悦感。父母不要一味地关注他们的家庭作业、考试成绩。相反，父母应该问他们的孩子："你今天在学校问了什么问题？"

好奇会驱使孩子们去探索、发现或创造事物。在这个过程中，他们将培养学习的乐趣。我们应该培养这种学习的乐趣，而不是过分强调结果和功利。建立在坚实的学术基础上的学习乐趣和好奇心，应该是孩子离开校园，走上社会时最宝贵的礼物。

四、我们需要用激情和技能解决现实问题的贡献文化

我们的学生不仅要为未来的职业世界做好准备，还要负起积极的责任并

致力于行动，贡献自己的力量，为推动社会的发展做好准备。家庭教育最重要的职责是：引导孩子找到自己真正的兴趣爱好和价值实现之路，找到有关正直、善良、友爱、责任感这些品格最正确的代际传承之路。学校教育也如此，只不过从代际传承转为群体传承。

学者臧木铭先生在文章《哈佛向左走，SAT 向右走》中谈道，以美国哈佛大学招生官为代表的，一批所谓带常青藤号的大学招生官的反思。他们认为，大学招生政策应该从三个方面改进：第一，提倡对他人、社区服务、公众利益更有意义的贡献；第二，在大学录取过程中，评估学生的人生观和对他人的贡献，这里的他人包括跨种族、文化、阶层的家庭和社区；第三，重新定义"成就"一词。这些反思告诉我们，在服务社会、他人和国家之中，体现自我的价值，才是我们应该最在乎的。

我们有必要提供"行动"的价值观课程和活动。有些是慈善或者志愿行为，以帮助穷人、弱势群体和需要帮助的其他人。还有的是基于需求、面向现实的解决方案，以解决社会和社区面临的挑战。这些经历让我们的学生了解世界的需求和面临的挑战，帮助他们更多地思考他人或者"我们"，而不仅仅是自我。给予和贡献很重要，也是一个人幸福的重要源泉。

"培养"仅仅靠一味地灌输知识和在知识的象牙塔里学习是无法完成的，我们应该把学生的视野不断引向社会，使得学生在与社会真实的互动中汲取成长的养料，养成生存的本领，并在积极的社会参与中培养责任感和贡献文化。学校不能成为唯一的学习空间和成长空间，学生应该能够在现实世界中获得真实的学习经验，发展可持续参与全球化世界的个人价值观和品质。气候变化、环境和文化多样性等全人类共同关心的话题应该有效地贯穿整个教育过程，植根于学校的教学、学习和管理之中，植根于我们的家庭文化。

原文载于 2023 年 2 月 23 日《中国教育报》，有修改。

全球学习者调查：传统教育正在面临前所未有的挑战

21世纪的第二个10年已与我们告别。这10年有情理之中的，也有出乎意料的。有一点是值得肯定的，这10年是知识经济时代以来社会和经济变革最大的10年，信息技术、产业革命、全球化浪潮和政治因素深刻地影响着我们的世界，尤其是教育和工作，以学习者为驱动的教育革命正在悄然发生。人们深刻地认识到只有建构以学习者为中心的教育，才能应对复杂多变的世界和未来生活的挑战。英国著名教育机构培生集团于2019年组织了一次"全球学习者调查"，调查揭示了全球未来教育的真相和趋势。

一、教育依然重要，但变革势不可挡

培生集团是全球领先的教育机构，一直倡导"以学习者为中心，让学习改变生活"的理念。培生集团委托了具有50多年问卷调查经验的哈里斯调查公司开展了"全球学习者调查"，调查覆盖世界上19个国家，包括中国、美国、英国、澳大利亚、南非、印度、欧盟（英国除外）以及拉美的部分国家。

这些国家的1万余名学习者在线参加了问卷调查。他们的年龄在16～70岁之间。除了年龄之外，调查的对象还考虑了性别、城乡、种族、婚姻状况、家庭收入、社会背景等因素，从而使得调查更具有参考价值和意义。

此次调查聚焦"学习者"主题，问题涉猎甚广，主要是如何评估所在国家的教育制度、对未来职业和工作的期待、科技对教育和自身学习的影响等问题。几乎所有参与调查的学习者都认为教育的重要性无可置疑，但是也认为他们获得教育的方式正在发生变化。他们不再依赖传统的、人们世世代代沿袭的学习和教育方式，而是采取更灵活、混合式和自主式的方法。

参与调查者表示，他们拥抱现代技术和在线学习，青睐在职业生涯中拥有更多的"软技能"培训和碎片化的学习。很多人还认为，知识经济时代下，在校学生应有更多的机会在虚拟现实的情境里学习，成年人将更多地进行在线学历培训和叠加式、微型化的技能学习。原因是，传统的职业生涯路径已经完全过时，课堂上的知识和传统的教育方式远远不能满足职业发展的需求。虚拟现实的情境具有"场域感"，使得他们能够在课堂上"真实"处理现实世界的问题。而且，终身学习将是人们的生活方式，学习将无处不在、无时不在。正如培生集团首席执行官约翰·法龙在报告前言中说的："我们应该建立一个更为广阔的教育生态系统，满足人们对教育的需求，拥抱经济变革带给职业和学习的变化。"

二、自助式教育方式正在重塑教育

从调查可以看出，传统的教育方式正在面临着极大的挑战，人们对于正规教育的信心日渐动摇。相当一部分的受访者认为，他们并不能从传统的教育方式中获益很多。今天的教育已远远落后于这个时代，如果继续沿袭传统的模式，那么培养出来的人将不能适应社会变化和职场需要。

无独有偶，美国畅销书《自驱型成长》（ The Self-driven Child ）的作者，临床神经心理学家威廉·斯蒂克斯鲁德的多项研究显示，孩子能否上大学与今后在经济上或专业领域的成功并不"挂钩"，甚至与孩子今后人生获得满足与快乐也毫无关联。

现代技术迅猛发展，经济方式变革席卷全球，人们接受教育的机会和方式变得越来越多。在教室里听老师上课，"耳提面命"的教育方式将不再是人们唯一的选择。人们有机会自己决定学习方式，"自给自足"的自助式教育方式将成为趋势，那些非正式的教育方式正在成为个人教育经历中不可或缺的部分。几乎所有受访者都相信自助式教育方式将变得极其普遍，尤其是走上工作岗位后需要知识更新时。这就意味着一个终身学习型的社会将真正出现：人人学习，时时学习，处处学习。混合式、组合式、多元化和个性化的学习模式将成为越来越多人的选择。

还有一种自助式的教育方式就是"在家上学"。在欧美等国家，"在家上学"在20世纪70年代开始受到社会关注。到了80年代，美国各州逐步通过修订法律或者消极认可，认可了"在家上学"这一行为。尤其在美国，由于很多家长对现有教育体制感到失望，纷纷选择了逃避，让孩子在家上学的比例越来越高。

在关于教育重要性的问题上，参与调查的中国人中，高达96%的人认为教育能够改变人们的生活，还有93%的中国人认为教育在塑造和成就他们自身方面起到了重要的作用。85%的人认为如果有选择的话，还是希望能够进入大学深造。这是所有参与调查的国家中最高的。这一点与中国人重视教育、崇尚耕读的传统分不开，也是人们现在对于子女教育重视和焦虑的观照。

三、一成不变的职业已一去不复返

在传统职场上，人们常常是"一纸在手，一技傍身，择一业而终"。也就是说，只要有一张文凭，有点学校里学的技术，就能一生高枕无忧了。然而，知识经济的到来，传统的、单一的职业路径的方式已成了"明日黄花"。学习者需要的是能够适应不断变化的工作环境的教育。这就意味着他们将不断地学习，而且碎片式的学习成为主流，通常是工作驱动和变革驱动下的学习。

《奇点临近》《人类简史》和《未来简史》3本书同时揭示了一种可能性：人工智能正在以一种加速度的发展方式前进。这样的变化，为今后的职场带来了非常大的可能性：传统的工作岗位、工种甚至行业不断消失，而新的岗位、新的工种和新的行业又不断崛起。一份美国企业家委员会提供的报告预计，未来几年将有12种工种消失，包括出租车、邮政、造纸、固定电话、手机、信用卡、钱包、电影院、有线电视、快餐店、保险等。

还有一份对全球9个行业的跨国公司1300万名员工进行的大数据调查，人们发现，如今65%的小学生长大后将从事目前尚未出现的职业。参与此次调查的人们深刻地认识到这样的变化和趋势：70%的人认为，"一辈子为一个雇主工作"的观念已经落伍；84%的人认为，个人的职业将完全不同于上一辈父母或者祖父母的工作。超过一半的人愿意每隔几年通过学习新的技能更换工作，职后教育和学习成为个人职业发展的重要投资。

四、期待虚拟和数字学习成为主流

科技正在进入各行各业，影响和改变每个人的生活。教育行业也不例外，正在极力"拥抱"科技。从在线学历培训到人工智能教学，从智能化设施到大数据，教育变得触手可及、轻易可得，而且科技呈现卷入化和全覆盖的趋势。很多受访者表示，他们希望有更多的机会在虚拟和数字的场景中学习。

人工智能的发展使得虚拟和数字技术蓬勃发展，能够为学习者提供真实的学习情境，使得他们身临其境学习解决真实世界的问题，并提供独特的学习体验。虚拟和数字技术的另一个好处是，学习变得非常便捷、容易，而且成本也很低，学习的边界也进一步得到了拓展和延伸，并不仅仅局限在课堂和校园。

如果说"翻转课堂""可汗学院"、视频学习等是在线学习1.0版本的话，那么虚拟现实情境学习和数字学习将成为在线学习的2.0版本。与传统的在线学习相比，虚拟场景学习的互动性、趣味性、真实性和有效性更为凸显，学习者能够在观察、操作、触摸中学习。学习者在虚拟场景中学习知识，而且应用知识，解决类似现实生活的问题，更符合学习的本质，更能培养学习者解决问题的能力。

五、对文凭的认识正在发生改变

在人们的传统观念里，高学历或名校毕业文凭是获得好的职业或者生活的敲门砖，所以人们常常将上大学或者接受正规教育作为谋求职业的重要途径。但是调查显示，越来越多的年轻人认为，即使没有正规的学历或者正规的教育经历也无碍他们找到工作。今天很多国家的职业正在对那些没有上过正规大学的人开放，尤其是具有良好职业培训经历的人。

很多传统的中学和大学的课程设置忽视了时代的发展，课程内容与时代脱节，未能教授学科领域最新的知识，但是那些最新的职业培训恰恰能够解决这样的问题。职业培训课程和内容设置比较灵活，能将专业最新、最前沿的信息和知识纳入教学大纲，及时反映职场的需求。

在信息化时代，知识更新速度越来越快，远超个人学习知识的速度，没有一个人在学校里能够穷其精力学习到所有的知识。科技发展正在重新塑造各行各业，人工智能正在取代许多传统的职业和岗位，越来越多的简单、重复劳动的岗位退出历史舞台。很多学习者认为，"软技能"比信息化、自动化等技术重要得多。"软技能"是指人的创造力、创新力、问题解决能力和学习能力，是未来社会生活和职场生存的"通行证"，更是职业进阶和发展的台阶，是战胜人工智能的"利器"。

STEM技能一直是近来教育关注的热点。STEM教育的意义就是教孩子如何解决问题，让孩子们要有创造性和创新性，有逻辑性地思考，以及能更好地理解这个世界。他们获得了这些技能将受益无穷。在职场上具有STEM教育背景的人往往会更受欢迎。然而，调查者认为，比起STEM技能，"软技能"对于他们更重要。他们认为，学校更应该培养创造力、创新力、问题解决能力和学习能力等"软技能"。

在具体学科方面，超过60%的人认为：英语是最重要的学科，因为目前英语是全球通用语言。超过30%的人认为：编程是他们最重要的学科，也是所调查学科中重要性排在第二的学科。编程正逐渐成为未来世界的基本素养和重要技能。

对"软技能"的重视越来越成为各国教育的共识，发展和培养学生核心素养就是世界各国教育改革的一致行动。《自品牌》一书中说道："软技能才是核心竞争力，我们具备永不放弃的心态，积极主动践行，善于聆听外界的声音，才能快速成长、与时俱进。"

六、终身学习将成为未来社会的趋势

人们获得工作技能的方式很多，如学历教育、学徒制、职业教育、职后培训等。从世界范围来看，中国、印度、巴西和拉美地区通过培训等方式获得工作技能的概率要远远高于美国和英国。原因是，这些国家或地区的产业受到现代技术和自动化的影响更大，传统产业已不能适应经济的发展，产业升级和企业转型正在成为趋势。人们只有通过市场化的职业培训，才能找到理想的工作或者适应职场变化的需求。

这一变化从调查结果中可以得到明显的印证。高达67%的我国受访者说，在过去的两年中，他们感受到职后学习和培训的强烈需求。原因是，现在的工作环境和两年前相比已经发生很大的变化，如果自己不再学习的话，将被职场淘汰，或者发展受到阻碍。

65%的人不再认可"到时退休"的想法，他们认为这一观点已经过时。很多人愿意牺牲休息时间和放弃爱好，从事一些兼职工作，甚至创业，或者从事第二职业。"工作不退休"也就意味着"学习不结束"。终身学习将成为他们延续职业生涯或者开拓职业路径的保障。

七、网络欺凌是全球学习者面临的挑战

说起校园安全，人们常常会想到校园暴力和校园欺凌。欺凌者依仗身体

上的优势，用暴力或者语言欺负弱小者。同时另一种看似虚无，实则伤害很深的欺凌频频发生——网络欺凌。根据2015年美国政府网的报告，在全美范围内，约有21%的12～18岁青少年经历了网络欺凌。在英国的一项调查中，参与问卷的调查者中47%的年轻人表示，自己曾收到过恶意评论，62%的调查者承认自己通过手机App发布过恶意评论。网络欺凌已经成为世界范围内青少年正面临的问题。

参与此项调查的学习者认为，网络欺凌给受害人造成心灵创伤、扭曲，导致严重的抑郁，成为校园安全和学习生活绕不开的沉重话题。很多人坦言，由于校园网络欺凌更多地发生在校园人际中，在很大程度上影响了学习者对学校学习的信心，因为他们认为网络欺凌是由学校带来的。

较多受访者认为由于种种原因，今天校园的安全系数比20年前低多了。这一现象在美国最为突出，高达84%；最低则是在中国，占48%的比例。很多人认为，校园欺凌、网络欺凌和社交媒体导致学校学习环境变得恶劣。尽管很多人认为社交媒体有助于推进全球化和互联化，但是在美国、澳大利亚、加拿大和欧洲，很多人认为社交媒体给学习带来了消极的而不是积极的影响。

这是一个信息丰富但人们疏于分辨的时代，社交媒体通常会放大我们的想法、言论和动作，并使我们忽视其他不同的观点和视角。社交媒体的进步使得网络欺凌成为世界范围内学习者正面临的问题。如何培养学习者的信息素养，引导学习者在网络空间学习尊重他人，辨析信息真伪，并谨慎、理性地对待网络暴力是教育者和网络监管者共同面对的任务。

未来10年，教育将如何升级和变化？

站在人类的重要时间节点上，未来让我们踌躇满志，每一个人都心潮澎湃地畅想未来的世界。教育，关乎千家万户，关系千秋万代，未来10年会如何演变和演进呢？

一、素养培养将从蓝图到现实

过去10年，教育迎来了有史以来最大的挑战，那就是全球化、信息化和技术发展的速度太快，人类知识的增长速度已经远远超过我们个人的学习速度。这就是未来社会的基本特征。这一特点未来不但不会减弱，还会进一步地明显。

美国麻省理工学院媒体实验室主任伊藤穰一、著名记者杰夫·豪联合出了本专著《爆裂》。在此书中，他们预测了未来世界三大趋势——不对称性、复杂性和不确定性。可以肯定的是，未来的社会，这三大特征将变得更加显著，影响更深远。教育，要想适应这样的变革，系统性的组织变革在所难免。

在过去的20年，世界教育组织和各国的教育改革正在努力适应这样的变化。重要的变化之一就是教育目标的重新定位。教育不仅仅是传授知识，更重要的是培养学生适应终身发展和社会发展的素养。这样，学生才能应对当前和未来复杂世界的生存和挑战。

1996年，OECD正式提出了"知识经济"的概念，第二年开始进行关于核心素养的研究。显而易见，核心素养的研究是为了应对21世纪特别是知识经济的挑战。随后，美国、新加坡、英国、澳大利亚、芬兰等国以及经合组织纷纷从教育战略和目标出发，提出了各自的核心素养框架，并积极行动起来，将核心素养的理念落实到实践层面。

2016年，由北京师范大学林崇德教授领衔研制的中国学生核心素养正式对外公布。此框架的颁布"吹皱教改一池春水"：《关于新时代推进普通高中育人方式改革的指导意见》和《关于深化教育教学改革全面提高义务教育质量的意见》相继颁布，凝练高中各学科核心素养，修改各学科课程标准，改进学生的评价方式，推进单元设计教学……从实践层面积极回应了时代对于人才培养的要求，回应了核心素养的改革号角。还有，综观近几年的中高考试题，评估和检测学生的素养成为命题的主要方向。

我们有理由相信，未来的10年，甚至更长的时间，学生核心素养的培养将是教育与经济和社会深入互动同频共振的主旋律，是教育搭上时代快车的主路径。我们有理由相信，更多从学生素养培养出发的教学实践和改革将如雨后春笋般出现在校园和课堂。在育人目标的驱动下，教师的"教"与学生的"学"将发生深刻的变化，更多地体现了以学习者为中心的能力培养。

二、对知识的认知不断演进

什么才是真正的知识？人们对于这一教育领域的哲学问题一直争论不休。对知识的认知也一直影响着人们对教育的认识。早在数千年前，大哲学家苏格拉底曾说过："知识每个人都有，只需要唤醒。"他认为，知识不是他传授给学生的，他所做的无非就是把学生心目中的真知唤醒并挖掘出来。他的教学方法是"产婆术"，即通过提问，引导学生得出观点和答案。

17世纪，捷克教育家夸美纽斯的"泛智论"主张探索将一切有用的实际知识教给一切人的理论，由此开始了以班级授课制为主要特点的工业化、批量式的教育模式。教育的任务是追求高效率、批量知识传授，以适应工业化时代的需要。

到了今天，知识概念又有了全新的变化，联合国教科文组织（UNESCO）2016年颁布了《反思教育：向"全球共同利益"的理念转变？》，对知识、学习和教育进行重新定义："知识在有关学习的任何讨论中都是核心议题，可以理解为个人和社会解读经验的方法。因此，可以将知识广泛地理解为通过学习获得的信息、认识、技能、价值观和态度。知识本身与创造及复制知识的文化、社会、环境和体制背景密不可分。"这一论述，概述了当今全球社会变革进程中的某些趋势、张力和矛盾，以及这一过程呈现的知识前景。

2019年5月，OECD发布《学习罗盘2030》（*OECD Learning Compass 2030*），认为知识是既是学科的也是跨学科的、既是经验的也是程序的，而且还将知识与技能、态度和价值观并列，作为能力的集合，应对复杂的需求，带给我们对于知识全新的认识。

知识不仅是固定地印在教科书上的文字，或者说流动在网络上的信息，还是与人个体发展的休戚相关、至关重要的价值观和态度。这将给教育带来革命性的变化。教育的内容与人的发展紧紧联系起来。教育不仅仅是"教"，更是"育"。教育不再仅仅关注理性的、可复制的知识，还关注感性的、不可复制的知识，使得教育充满了无限的张力。

21世纪最激动人心的突破，将不会来自技术，而是源于人类对"生而为人"的本质认识。未来最重要的知识必定是不可复制的知识，如自信、选择、健康、提问、娱乐、分享、有趣，还有现代社会所需要的创造力、批判性思维、合作能力、自我管理能力、幸福的能力。这些才是真正的知识，也是未来学校学习的趋势。

三、技术发展升级教育形态

罗振宇在2020年跨年演讲中讲，2019年的经济现象背后，本质上是因为技术进步的速度太快，而社会演化的速度太慢，两者之间产生了断裂。这样的断裂也发生在教育领域。如果说今天的教育还有什么遗憾的话，那就是学校的演化远远落后于技术的发展。

未来学家凯文·凯利在谈到未来的趋势时，说道："所有的东西都在不断升级。"毫无疑问，在未来的日子，技术还将不断升级，成为促进教育变革最重要的力量，并呈现与教育深度融合的趋势。技术在教育领域的升级体现在现有的技术不断优化，与实际教育教学不断契合，还体现在对教育规律和学生成长规律的厘清下的主动追求和升级优化。如果说21世纪第二个10年是教育技术蓬勃发展、广泛开发的10年，那么第三个10年将是深度应用、深度融合的10年。

未来时代，技术的力量不仅是显性的，直接作用在学习者身上，还赋予技术更多的价值和意义，如怎样具有正确的义利观对待技术，如何培养学生成为理性的技术主义者，等等。更为重要的是，技术还会衍生独特的价值，就是技术应用背后所产生的大数据。英国学者维克托·迈尔·舍恩伯格提到，大数据的核心是预测。大数据时代最大的转变，就是放弃对因果关系的渴求，取而代之的是关注相互关系。大数据蕴藏着巨量的财富，为教育技术升级提供了路径指向。

技术的变革和升级最终的作用是促进教育形态的变化。学生将不再依赖传统的、人们世世代代沿袭的学习和教育方式，而是采取更灵活、个人定制式的、线上线下混合式和自主式的学习方法。过去10年涌现出"自媒体"的新词，今后"自学人"将成为学习者的重要特征，自己制定学习目标，自己寻找学习资源，自己寻找学习方式。

四、真实性学习将成为学习主流

面对越来越不稳定、不确定、复杂和不明确的世界，教育将决定我们的下一代是否能够接受并战胜这样的挑战。面向生活世界的真实性学习，将成为学生应对当前和未来世界挑战的重要学习方式。世界各国都在探讨和推动面向2030的教育改革，在课程领域都聚焦真实问题的真实性学习。

在美国，将知识更多地与真实世界相关。他们认为，知识学习是必要的基础。知识与真实世界相关能满足学生学习的需要，有利于在现实生活中实现知识迁移，对于经济和社会的发展也有着重要作用。

在芬兰，拓展课堂外的学习，并使用技术进行学习。比如，走进自然、参观博物馆、企业等，在学习环境中更多地认可游戏和虚拟环境。

在日本，课程改革以"面向社会的课程"为理念，重视课程与社会、生活之间的关联，要求各学科相互关联，幼、小、初、高各学段保持一贯性。

真实性学习不仅仅超越对学术内容的掌握，而且学习思考与课程内容有关的现实世界赋予了学习真正的意义和价值。教学内容的变革对创新教学方法和手段提出了要求，项目化学习、从STEM走向STEAM、跨学科整合、主题教学、以概念为本的教学、大概念教学、大单元教学等方法正在从"养在深闺人未识"到"飞入寻常百姓家"，日益受到全球教育界的关注，能够有效地引导学生解决基于生活世界的问题，培养学生解决问题的能力。

这些教学方法注重知识在生活场景中的应用，要求学生用所学习的知识解决真实世界的问题，预演未来的生活世界，并学会像专业人士那样去思考和解决问题。无论从世界范围还是国内来看，这些教学方法的关注度越来越高，必将在未来10年成为课堂主流教学方法。

五、学习科学方兴未艾

学习是如何发生的？发生的过程是怎么样的？不同的人的学习是如何产生差异的？教育实质上是科学，教育研究正在从经验导向转向实证和科学导向。这也是学习科学所担负的重要使命。

学习科学最根本的原理是：人脑是可塑的，是人的活动在塑造人脑的发展。人类的学习是通过种种经历给周围的事物赋予意义，形成概念。学习科学的任务就是找到大脑思考和学习的认知规律，并适当予以干预和调控，实现"因脑施教"。

学习科学是一门综合心理学、教育学、神经学、生物学等多种学科的科学，在全世界范围内方兴未艾。美国近年来在学习科学上下了很多功夫。美国国家科学基金会就下设6个中心，研究双语、幼儿发展空间等领域。仅仅这些中心，就大概有800多名研究员从事学习科学的研究。

近年来，学习科学也开始进入我国的研究视野。北京师范大学"认知神经科学与学习"国家重点实验室是国内最早开展，并持续引领我国脑与认知神经科学基础与应用研究的重要机构之一，取得了诸多有分量的成果。2017年中国认知科学学会成立神经教育学分会，深耕学习科学。这些都是国内对于学习科学重视的结果。教育部前副部长、中国神经教育学发展的重要推动者韦钰说："儿童早期教育的加强就是脑神经学家喊出来的。"

今天教育还是存在着诸多"顽症"和"痼疾"，如孩子是否一定不能输在起跑线上？大量的背诵和记忆对于学生的认知发展是否有利？双语教学与单语教学相比，是否真的能够促进大脑发育？强势智能是否能够促进弱势智能的发展？人工智能是否促进学生的认知发展？学习科学将在今后的一个阶段厚积薄发，为人的学习提供科学合理的理论和实践支持。

六、创新型学校服务于个性化学习

"教育应着眼人类社会未来发展"，联合国教科文卫组织的《2030年可持续发展议程》里的这一表述，成为中外教育领域的深刻共识。未来学校将成为未来时代的教育缩影，倡导创新方法与先进技术的融合。无论是创新方法，还是先进技术，未来学校是以为学生提供个性化学习体验为主要目的。

在过去一个阶段，未来学校建设已成为学校变革的重要内容。环顾世界各国，未来学校的形态层出不穷，如博物馆式学校、野趣学校、森林学校、项目化学校、STEM课程学校、可汗实验学校、混龄学校，创业型学校、研学学校等。这些学校真正颠覆了传统的学校办学模式，与高歌猛进的时代变化交相呼应，展示了教育创新的无限魅力。

2500 多年前，孔子提出因材施教的教育理念，至今还影响着世界，成为每一个教育工作者的指导思想。创新型学校正是因材施教的生动实践。未来社会呼唤着未来学校，未来学校塑造未来公民。技术的成熟，对学生个性的呵护，教育本质的回归，都预示着未来学校的建设将汹涌而来，蓬勃发展。

未来学校从学生的体验出发，将在以下领域发生深刻变化：大规模的定制化成为常态；学生在移动性场所学习；教师的教学计划整合学生的社会、情感和物理需求；课堂上开展的是差异化教学；学校提供虚拟的，不受限制的、多样化的学习资源；课程系统体现了生活的路径；在线学习平台支持混合学习，从而让学生站在教育的正中央。这些学校的组织、空间、教育者、学习内容、学习方式、教育目标和评价体系各要素发生了革命性的变革，而不仅仅是单一要素的变化。

第 2 章

学习新视野：
探寻学习的本质

教育，是点燃学生生命的火炬，帮助他能够拥有生命的激情，帮助他去寻找自己生命的原型，去寻找自己人生的榜样，去寻找自己生命的动力，这才是未来学生的发展方向。

——教育家　朱永新

被"神话"的芬兰现象学习的真相到底是什么？

要衡量和评估一个国家的教育质量，最重要的指标无非这些：学生学业水平是否在世界范围内名列前茅？学生的幸福指数是否很高？改革是否具有引领性和开拓性？如果要在全世界找到上述三者完美兼备的国家，应该非芬兰这个北欧国家莫属。

一、芬兰为何拥有高质量的教育

近20年来，芬兰以拥有世界上较好的教育体系而享有盛誉，并拥有众多令人惊讶的教育纪录和吸人眼球的教育名片。该国15岁学生在阅读、数学和科学方面的成绩通常在全球PISA排行榜上名列前茅。不仅如此，芬兰还是唯一一个学生的学业成绩和生活满意度都很高的国家。这取决于芬兰为学生建立了一个安全和平衡的成长、学习环境。

芬兰学生无论在校还是在家的学习时间都很少，是参加PISA测评的国家和地区中较少的。作业也不多，低年级的学生每天只需半个小时就可以完成。学生在学校里就能够完成他们需要完成的作业或任务。

芬兰有句谚语："真正的赢家从不竞争。"芬兰学校没有统一和标准化的测试，也没有高频率、高利害和高风险的评估，更没有针对学校和学生的问责措施。学生得到的口头评价远远比正式评分多。学生参加统一考试的唯一机会是在高中毕业那年。这次成绩是大学入学的重要依据。芬兰通过信任文化和专业氛围的营造，建构了多样性、包容性和平等性的教育体系，营造了宽容和良好的教育环境。毫无疑问，如此的教育体育系能激发每一所学校的办学活力，激发每一名教师的教学热情，促进每一名学生的成长。

教师对所有儿童在学校学习负有的社会责任，与通过标准化测试催生的教师对学生负有的责任之间有很大的区别。分担责任在芬兰教育体系内建立了强大的互信，是芬兰教育成功的一个经常提到的因素。芬兰的教育官员经常提到，"我们不需要外部的标准化测试、教师评估或检查来保证高质量"。

芬兰的经验告诉我们，教育系统和学校不应该像商业公司那样进行管理。商业系统追求激烈的竞争、基于衡量的问责制和绩效决定的薪酬是共同的原则。相反，成功的教育体系依赖于学校内部和学校之间的合作、信任和集体责任。而且教师职业不应该被视为一种技术性的、临时性的技艺，任何人只要有一点指导或者略微培训就可以做到。成功的教育体系依赖教学和学校领导的持续专业化。

二、现象学习：PBL教学的新成员

说起PBL，大家一定不会陌生，但是对于这个英语缩写的理解会有所不同，有人会想到项目化学习（Project-Based Leanring），也有人会想到基于问题的学习（Problem-Based Learning），还有人会想到基于过程的学习（Process-Based Learning）。这些都是颠覆传统教学方法的"代名词"。芬兰人还给PBL家族增添了新的成员：现象学习（Phenomenon-Based Learning）。

"现象学习"一出现，立刻引起了世界的关注，甚至被塑造成了"神话"，认为这是"芬兰废除分科教学"的确证，也就是说"学校课程取消分科目，以现象教学的方式开展所有的教学"。后来有人澄清了真相，在芬兰，"现象学习"并不代表课程设计的整体改革，以学科为基础的课程仍然存在。所有年级的学生只是每年至少要参加一次现象式主题教学，而不是以"现象学习"代替所有的学科教学。

芬兰提出"现象学习"，一方面与未来社会的形态有关，未来社会面对的挑战和问题需要多学科团队共同解决，如可持续性发展、城市化、人工智能的兴起等复杂问题。另一方面，与芬兰当前开展的素养改革和课程改革有关。芬兰是世界上较早推进素养改革的国家，21世纪初提出了通过培养"横贯能力"提高学生的素养，从而使得学生能够适应今后社会的变革和挑战。"横贯能力"与美国的21世纪技能、中国的学生核心素养有着很多共同之处。

"横贯能力"指的是将各学科的知识综合运用到生活各领域的能力。这种能力注重各学科知识交叉应用与整合，能够广泛适用于各行各业，并为学习和发展提供新的方向。横贯能力具体体现为：思考与学习，文化能力、互动和自我表达，照顾好自己，管理好日常生活，多元文化理解，信息和通信技术能力，工作生活能力与创业精神，参与和建设可持续的未来。

2016年，芬兰启动了全国性的课程改革。新课程比以往任何时候都更强调技能、社区实践、知识建构、问题解决、持续评估、自我评估以及技术的使用。学生能够在学习中了解不同学习内容之间的关系和相互依赖性；能够将不同学科所学的知识和技能结合起来，形成有意义的整体；能够应用知识并在协作学习环境中使用。

"现象学习"与基于项目的学习、基于问题的学习和基于探究的学习有相似之处。然而，一个关键的区别是"现象学习"必须有全球性的背景和跨学科的方法。这意味着主题必须是一个现实世界的问题或"现象"，学习者需要运用不同的视角研究此主题。

三、"现象学习"的模式建构

"现象学习"的学习始于学习者对现实世界现象的共同观察。观察并不局限于对主题的单一视角，相反是从这一现象的多个角度进行研究，并整合多个内容领域。"现象学习"意味着将现实世界的现象视作一个完整的实体，并在真实环境中，同时从不同的角度或者不同的学科研究。在"现象学习"中，现象本身是学习的出发点和对象。

这种方法打破了以往基于主题的知识划分，也打破了以往专注于数学、语言或历史等特定学科的学科壁垒，深入探索跨越学科界限的现象。这种方法代表着一种新的跨学科思维方式的转变及人类真实学习方式的回归。

芬兰教育研究者派拉施卡斯和约翰娜对"现象学习"提出了五个维度要求：整体性、真实性、情境性、基于问题的探究和开放式学习过程。结合起来，这些维度为教育工作者设计现象教学提供了教学模型。

整体性指的是，从多个学科角度解决一个问题，并确定不同观点如何相互吻合或相互矛盾。通过多个不同学科的角度观察现象，有助于学生从复杂的现象中看到世界，并寻求解决复杂问题的包容性解决方案。

真实性是现象学习的重要特点。现实世界的现象为学习提供了起点，学生研究的现象是真实的，而且学生是在真实的环境中进行研究和学习，将知识应用于有形的事物，并通过跨越学科间的界限来培养技能。

情境化现象是存在于有形的时间和空间中的现象。重点不是"主题"本身，主题通常可以是一个独立于场景进行分析的枯燥背景。相比之下，一种现象是与它出现的背景紧密相连的。

在"现象学习"中，理解和研究现象通常是从提出问题开始的。例如，为什么飞机会飞起来并停留在空中？当学生探索现象时，必须识别和调查可能出现的问题或感兴趣的领域，目的是创建可以实现的调查。

开放性的含义维度是多向的，正如这个词本身的意义。开放可以指课堂的开放、课程的开放、资源的开放等，当然最重要的是思维的开放。现象教学的本身是探究的兼容和答案的多元，而不是追求唯一的答案。

如果从时间序列和教学流程的维度设计现象学习，可以按照以下步骤开始：

（1）让学习者从现实世界中选择一种"现象"。

（2）这个主题应该具有全球或者区域的背景，并且与现实生活中的问题或事件相关。

（3）围绕这一主题，提出一个以"如何""为什么"或"如果"开头的问题。

（4）确定并教授与学员所选问题相关的基本概念，如思考他们需要什么技能或知识来解决问题。

（5）确保有开放的时间结构，供学习者进行必要的研究和解决问题。

（6）通过建立框架来促进这个过程。这个框架将引导学生完成这个过程，并发展他们自己解决问题的能力。

四、在"现象学习"中获取有意义的体验

"现象学习"为学生提供更有意义的学习体验。学习者在体验中积极地解决现实世界中的问题，这也有助于学习者在不同学科之间建立联系。通过这种教学方法，学生们能够参与到与现实生活相关的学习中，运用来自不同学科的知识和技能，并培养沟通、批判性思维、问题解决和团队合作等重要技能。

在芬兰赫尔辛基的一所学校，从学前班到六年级的全体学生都参加了以现象为基础的学习活动。英语教师们举办了一个以"时间"为中心的现象学习周。时间是人们习以为常的现象，但学生们可以从不同的角度来看待它。

一年级和二年级学生学习和了解芬兰钟表匠职业，然后用纸板制作古代的钟表。三年级的课堂创造了历史上不同文化的日历。四年级和五年级的学生通过设计蓝图和地图来预测他们城市的未来。六年级结束时，这所学校的学生去英国进行班级旅行。在"时间"现象学习中，学生们为他们的8天旅行创建了可视化的行程，传达了时间是每项活动的基本元素的理念。这些学习内容是学生提出问题的结果。

再比如，移民是目前欧洲最大的问题，也是当下人们无法避免的现象。

芬兰豪霍综合学校的一个项目就是关于移民的。当时移民涌入欧洲成了全世界的头条新闻。孩子们与德国学生紧密合作，分析和比较他们对移民的理解。这所学校也开展了类似的项目。15岁的孩子还走上街头开展调查。为收集当地人对移民的意见，他们还访问了附近的移民中心，采访寻求庇护者。他们通过视频与德国的一所学校分享了他们的发现。

学生在"现象学习"中，学习动机和兴趣得到极大的激发。这些现象是在他们生活中真实存在的，与他们的生活有着紧密的联系。而且，学生在研究、探究和问题解决中获得了沟通、团队合作、批判性思维和解决问题方面的技能发展。学习者变得更加独立，因为他们学会了对自己的学习负责。

赫尔辛基大学的科丝婷·罗卡教授2019年出了一本关于现象学习的书《现象式学习》。在此书中，她明确指出了这种教学方法的必要性："社会变化如此之快，需要创造力、思维能力和更广泛的专业知识。在解决我们这个时代充满不良结构问题和挑战问题时，整体性和跨学科的思考是很重要的。"

创造了诸多教育神话的芬兰又有新"神话"了

——"少即是多"的教育到底好不好？

偏居一隅的北欧小国芬兰，一直以来因为其"最好"的教育质量和"创新"的教育实践受到全世界的广泛关注，创造了很多项教育纪录。2021年，芬兰又创造一项教育世界纪录，其议会通过一项法案，将学生接受义务教育的年限延至18岁，并向他们提供完全免费的高中教育。这一"21世纪芬兰教育平等迈出的最大一次飞跃"，已经引起了世界的关注。

一、"是时候更新教育了"

很多人对高中教育有误解，认为"普及高中教育"就是"高中是义务教育"。其实"普及"只是追求的目标，是指国家提供条件满足绝大多数适龄学生接受高中阶段教育的需求，而不是法律规定。因此，"普及高中教育"不等于"高中是义务教育"。另外，"普及高中教育"也不等于"免费高中"。

芬兰的此项方案不仅规定了学生义务教育的年限延长到18岁，还提到了学生可以完全免费接受高中教育。免费的清单包括午餐，教科书，其他教学所需的材料和工具，以及完成入学考试所需的5项考试费用（包括重考不及格的考试费用）。另外，高中7千米或7千米以上的交通费用也将免费。这是芬兰政府送给民众的又一个大大的"福利礼包"。对于贫困家庭来说，这无疑是极大的福音。

芬兰教育和文化部在一次新闻发布会上说："这项改革目标将在2021年

8月1日生效。2021年春季完成初中教育的年轻人，主要是2005年出生的人，将首先受到改革的影响。"在会上，教育部部长李·安德森还说："现在，芬兰大约16%的年轻人仍然没有完成高中学习，仅靠基础教育已不可能适应生活和职场世界。"她还补充说："现在是更新义务教育以适应21世纪20年代要求的时候了。随着义务教育的延长，每个年轻人都将获得高中学历。"

这项改革是芬兰对技术快速发展带来的职业技能要求增加的反映，旨在通过扩大义务教育和提供免费高中教育，提高芬兰的整体教育水平和能力，使得学生走进社会时能够更好地适应以及更好地找到工作。与此同时，此项改革的目的还有减少学习者之间的学习差距，提高教育公平。

二、"少即是多"的最佳教育实践案例

芬兰教育拥有多项教育世界纪录，已经不止一次在PISA测试中拔得头筹。这已经引发了国际上的广泛好奇。这还不够，负责PISA项目的经合组织，还发现芬兰的学生在学习上花的时间并没有与成绩成正比，在参与的国家和地区中用的时间较少却成绩显著，提供了"花时少成效高"的成功教育案例，完成了"少即是多"的教育神话。

还有一项纪录可以折射出芬兰教育的与众不同，那就是芬兰学生在PISA测评中的方差极小。什么是"方差"？它指学生间或者学校间的学业差距。芬兰的方差极小，也就是说最好的学校与最差的学校间几乎没有差异，最好的学生与最差的学生个体差距也不明显。教育部部长安德森说："在芬兰，家附近的学校将跻身世界上最好的学校之列。平等确实是芬兰教育成功的秘诀，我们不能失去它带来的好处。"很大程度上这反映出了芬兰教育的均衡和平等。

第二次世界大战后，芬兰面临着人口不断增长、经济不断发展的变化和挑战。1963年，芬兰政府做出了一个大胆的决定：选择公共教育作为经济复

苏的最佳途径，理由是"公平和高效的社会，它要有一个始终如一的、可靠的教育体系来匹配"。

与世界上许多国家围绕着一系列测试、排行榜、目标和公众责任建立起来的制度不同，芬兰的教育制度是一个以儿童为中心，以研究和证据为基础的学校体系，由高度专业化的教育人士管理和教学。它成功地将一个普通的教育体系转变为全球领先的教育体系。

芬兰有3500所学校和62000名教育工作者。从拉普兰到图尔库，教师是从全国前10%获得教育硕士学位的毕业生中挑选出来的，具有极高的专业素养。专业的衍生品是"信任"。全社会对教师充满信任。家长相信学校会做出正确的决定，会在校园里提供良好的教育，不会干涉或者过问学校的事务。学校也会充分信任教师的教学质量，课堂完全由教师做主。这样的相互依赖、相互信任的生态系统对国家的质量提升至关重要。

芬兰拒绝标准化测试以及随之而来的教师问责制度，而是通过公平、专业和协作走出自己的道路。芬兰教育部前部长帕西·萨尔伯格在《芬兰道路：世界能从芬兰教育改革中学到什么》一书中写道："说到教师的责任感，在芬兰语中没有责任的字眼……责任是当责任被减掉后剩下的东西。"

芬兰没有强制性的标准化考试，只有一次考试是在学生高中毕业时进行的。在学生、学校或地区之间没有排名，没有比较或竞争。学校不根据学生的考试成绩排名，因为没有国家标准化考试。学习是个性化的，教育的重要使命是为每个学生寻找他们的优势和支持他们的挑战。

芬兰的教育工作者很难理解美国及其他国家对标准化考试的迷恋。芬兰教师洛希沃里曾经调侃："美国人喜欢所有这些条形图、表格和彩色图表。"他还说："我们对孩子们的了解远远超过了这些测试所能告诉我们的。"

三、更少的控制并不意味着更少的支持

更少的压力，更少不必要的控制，并不意味着教育的更少介入和支持。

芬兰新生儿的父母会收到三本书，其中有两本给父母，一本给小孩。这是产妇包里的物件之一。芬兰儿童发展专家埃娃·胡亚拉表示：早期教育是终身学习最初以及最重要的阶段。神经科学研究显示，在人生最初的5年间，大脑将会发育90%，85%的神经网络会在上小学前发育。此外，芬兰还为父母提供补贴，即在每个孩子17岁之前，政府每月向他的父母支付大约150欧元。在芬兰97%的6岁儿童就读于公立幼儿园。

芬兰的很多学校都很小，所以教师认识每个学生，并制定个性化的教育方法。如果一种方法失败了，教师会和同事商量尝试其他方法。他们似乎很享受挑战。据报道，近30%的芬兰儿童在上学的前九年里得到了个人化和定制式的帮助。

芬兰家长协会会长提醒家长："教师和家长的角色划分需要明确。"在芬兰，组织教学的责任在教师，给孩子提供安全、舒适学习环境的责任在家长。给孩子提供健康饮食和舒适学习环境，帮助孩子合理安排学习时间和休息时间，以及督促孩子每天运动和户外活动，就是芬兰家长目前在做的事情。

芬兰教育系统的中心目标是提供高质量的普及教育。这意味着为所有公民提供免费、包容和全面的教育机会。无论一个人处于哪个年龄和阶段，他们都可以通过灵活的制度继续接受教育，没有"死胡同"。这意味着所有的学生都得到了支持，不管他们需要多少支持。本文一开始提到的法案就是支持系统的完成和延伸，义务教育完成的时刻从16岁可以延迟到18岁。因此，学得慢的孩子可以更从容地有更多时间去完成高中教育。

四、时间去哪儿了？

事实上，芬兰并不是始终位于PISA排名第一的国家，但在最新的排名中，芬兰是唯一一个学生阅读能力和生活满意度都很高的国家。这很可能是因为芬兰学生在学校生活和业余时间之间保持着健康的平衡。这使得他们能够更多地参与各种游戏、阅读和课外活动，能够在学术和非学术课程、团队学习和个人工作以及正式和非正式学习间获得平衡。这种平衡在他们完成学业后继续，他们的工作和生活保持着健康的平衡。

这样的平衡影响着芬兰人的一生。众所周知，芬兰是世界上民众幸福指数最高的国家之一。幸福正是在这种平衡中产生的。学生能够从中获得基于个体的、充分的学习支持以及宽松的成长环境，而且芬兰成年人的技能和素养与PISA测试成绩和幸福指数一样漂亮。在经合组织2016年的成人技能调查（PIAAC）中，芬兰人的表现令人刮目相看。这项调查衡量了16～65岁成年人在语言、数学和解决问题等关键技能方面的表现。这些技能在社会和工作环境中是必要的，对于充分融入和参与劳动力市场、教育和培训很重要。芬兰人在每项技能上都排在前三名。

芬兰的早期教育是围绕着在游戏中学习的概念而设计的。他们非常强调早期阶段，每个孩子在进入学校之前必须通过游戏学习。芬兰的托儿所和幼儿园坚信让孩子成为"孩子"，把重点放在玩耍、健康和儿童的整体福祉上。芬兰还提供了一项扩展的幼儿教育和护理（ECEC）计划。芬兰国家教育署网站称，该计划采用"通过游戏学习"的模式，以促进"均衡增长"。

美国学者格雷格·托波在《游戏改变教育》一书中，同样讲到了游戏设计和教学对于提升芬兰教育成果的作用。作者在书中写道："教育和游戏的分离，学习和玩耍的分割，是当代教育界一大悲剧。作为人类活动之一，教育本来其实就是游戏的过程。人类的任何游戏，都有规则，有惩罚，有错误，有反馈，有改进。只不过后来，普鲁斯式的规模化教学和烦琐的教育法律，使得学习不再是一种滋润心灵、培育思维的活动。"

在芬兰的卡拉萨塔纳学校，孩子们在平板电脑和个人电脑上玩《大爆炸传奇》。他们可以玩得很开心，游戏中所有的角色都来自元素周期表，所有的元素和原子都变成了角色。因为游戏，孩子们知道所有的元素，喜欢上"铜""氦"和"氖"这些概念。其实他们没有意识到自己不知不觉地在学习粒子物理。芬兰的很多游戏学习内容包括数学、科学、语言、音乐、体育、艺术和手工，并且在休息、玩耍和学习之间保持健康的平衡。

作为家长，我们总是担心这些游戏会影响他们学习的时间，可是如果游戏本身富含英语、数学、物理、历史等各种教育元素呢？芬兰的家长有个理念，在阻止小孩做一件事之前，自己先了解那件事。因此在阻止孩子玩电脑游戏和社交媒体之前，父母应该也花时间了解，是否里面有很多的教育资源。

芬兰的孩子还将大把时间花在户外运动上。芬兰的学校里，无论严寒酷暑还是天晴下雨，孩子们都会换上整整齐齐的运动服装，带上运动装备，在操场上挥汗如雨。有些芬兰学校甚至会在教室里开辟出运动角，组织室内运动项目。其实在某种意义上，运动也是一种游戏！

突围"标准答案"的学习方法，让学习回归本质

——读《PBL项目制学习——智能时代项目制学习权威实战指南》有感

　　项目化学习正在受到越来越多的关注，成为全世界性的教学方法选项。仅仅在2015年，美国就有上千所学校开始使用项目化教学。中国上海也不甘落后，雄心勃勃，计划3年发展100所项目化学校，推广这一方法。可以预见的是，项目化学习将成为越来越多学校的主流教学方法。

一、项目化学习告诉你什么是"好"的教育

　　什么是"好"的教育，这种争论正在消退。越来越多的人已经达成了一种共识，好的教育尊重个性化，注重批判性探究、问题解决、设计思维、合作交流培养。我们的孩子将生活在以知识为基础的高阶技能社会。"好"的教育能够帮助学生获得这些高阶技能，并能从容地应对时代的挑战。

　　人们已经从项目化学习中找到了"好"的教育的答案。传统的被动学习，断章取义的背诵模式，单向的知识传递方式，已经不足以让学生做好在当今世界生存的准备。孩子如果习惯于被动式、填鸭式地学习，只习惯于背诵标准答案的话，那无法在充满易变性、不确定性、复杂性、模糊性的，所谓"UCA"时代里生存和谋生。

　　生活在UCA时代的人，需要具备基本技能（阅读、写作和数学）和21

世纪技能，如批判性思维、创造力、团队合作、解决问题、收集研究、时间管理、信息综合、利用高科技工具、沟通能力，甚至跨文化理解和决策能力。

项目化学习是一种以学生为中心的教学方法。它是一种动态的课堂教学方法。学生通过积极探索现实世界中的挑战和问题来获得更深层次的知识，通过长时间的学习研究、回答、挑战复杂的问题，来学习核心知识和概念。它是一种主动学习和探究式学习。PBL与纸质、死记硬背或教师主导的教学形成鲜明对比，后者通过提出问题、用问题或场景来呈现既定事实或描绘通往知识的单一、平稳路径。

作者告诉大家：在基于项目的学习中，学生从一个对他们有意义的挑战或问题开始，在教师的指导下探究和学习重要的学术内容。他们提出基于现实和个体的问题，从而进行调查、研究，并对教师帮助他们理解的内容产生更深的兴趣。然后，学生运用他们的理解来解决问题或创造新产品。知识的应用有助于巩固他们的理解。他们不只是为了考试而记忆信息，而是能够在现实世界中一次又一次地利用自己的知识。在这一过程中，他们反思自己的成长——这是PBL通向深度学习的另一种方式。

在新冠疫情期间，作者所在的学校系统让学生们拿出工具和资源来帮助社区度过这段充满挑战的时期。学生们在开发合同追踪应用程序，使用3D打印机为卫生工作者制作防护装备，并开展公共卫生运动，告知他们的社区。在其他项目中，学生们通过进行能源测算和制订可持续发展计划来帮助学校降低成本。他们正在制作关于当地英雄和文化偶像的视频纪录片和播客。他们正在重新设计公园和游乐场，以增强残疾人的出入便利性。正是通过这种学习方式，学生们在实践中学习，使世界变得更美好，真实地展示了"美好的教育。"

二、项目化学习也正在进入重新定义和颠覆时代

项目化学习已经成为很多课堂创新教学的重要手段之一。然而，杜威等

诸多教育家在一个多世纪前就提倡类似的方法。几十年来，医学院一直采用自己的"基于项目的学习"模式，即医学生诊断病例，应用他们对医学的理解。但在K-12教育中，直到最近，各种因素都限制了它的采用。作者们坦言：在美国，21世纪一开始甚至更早的时候，项目化学习关注数学和阅读成绩，关注高风险测试，但高风险测试强调的是内容的覆盖和记忆，而不是知识的应用。

不幸的是，这种倾向的副作用是缩小了课程范围。我们如今现在正在走出那个时代，看到人们越来越关注"深度学习"。教学的目标是让学生不仅记住知识，而且能够运用他们的理解，并培养21世纪所需的能力。学校系统越来越注重这些能力，他们的学生需要准备好上大学和职业生涯。基于项目的学习提供了一种策略来满足学术和基本能力（如协作、创造性问题解决和数字素养）培养的重要目标。

新情况是更好地理解如何设计项目以最大限度地学习，同时关于PBL有效性的研究基础不断增加，课堂与外部世界之间的联系也在不断增加。这通常是通过使用技术来实现的，这意味着教与学都有很大的转变。

更为重要的外在影响因素是科技和智能发展。在过去20年，技术已经彻底改变了现代社会中人类互动和运作的方式，包括知识传播方式、速度和范围等。这本书提出了在智能时代背景下要重新定义项目化学习的根本原因是，科技和智能已经大大影响和改变了教育，成为一种重要的教育生产力，解锁学校教育。此书提到了要考虑以下3个问题：

（1）在教室里造就"信息工匠"。"信息工匠"是指懂得使用信息的学生，能够用语言、图像和丰富的数据讲述引人入胜的故事。

（2）帮助学生成为连接型学习者。学生能够找到对他们有帮助的人和资源，能够安全地建立联系。

（3）使得学生建构数字化社会资本。他们具有良好的信息素养，思考网络品质是什么，该如何利用数字化工具创作，并与真实的受众分享自己的最好作品。

智能和科技的力量是无所不在的，也正在对项目化学习产生深刻的影响。《PBL项目制学习——智能时代项目制学习权威实战指南》一书最鲜明的理念是"科技赋能"，并以较大篇幅阐述科技对项目化学习的作用和影响。书中有个"科技聚焦"板块，介绍科技工具如何促进项目化学习真实、有效地发生。例如，合作学习是项目化学习的关键元素，书中介绍了许多合作工具，如视频交换、博客、Skpye视频会议，共享文档、共享影像、维基等网络工具。

与此同时，作者还提供了丰富和大量的线上或者线下的实践科技项目，供教师、家长和学生学习或者实践。然而，作者提醒我们，科技工具并不仅仅是工具，还是创新和变革的理念，更是提升项目化学习成效的重要手段。优化科技手段的使用方式是通过技术来解锁教育，从而为教育目标服务，如促进学生达成学习目标、帮助学生保持条理性、通过技术扩大视野、消除不平等。

更重要的是，科技和智能的应用通常与创新能力培养联系起来，当然不同的学段侧重点会有所不同，小学阶段注重基础，到了初中阶段就进入了深化阶段，到了高中阶段就准备创新。

三、项目化学习应该是"主食"而不是"甜点"

其实，项目化学习在美国也走过不少弯路、误区，引起不少争议。有些学校只是将项目化学习作为点缀或装饰，没有进入主流课程，却美其名曰是项目化学习学校。有的课堂只是要求学生在学习后递交一份作品，却缺少项目化学习的过程或者关键元素。

作者坦言，美国的教育高度地方化，所以即使在同一个州，也很难看到项目化学习实施的统一标准，很难用一个数字来描述项目化学习比例。但是变化却是实实在在的。在各种各样的背景下，他们看到了基于项目的学习作为核心的教学策略，只是形式会有所不同。在一些学校，每门课程都是通过跨学科项目来教授的。（更深层次的学习网络包括大约500所以PBL为核心内容的美国高中。）然而，在许多其他学校，教师可能每学期计划一两个项目，与更传统的单元交替进行。但是在作者工作的学校系统里，从小学到中学，所有内容领域的教师都在把项目化学习作为他们实践的一部分。

作为一种颠覆传统的教育或者学习方法，项目化学习给教师带来了极大的挑战。由于强调探究式学习和以学生为中心的学习，项目化学习确实打破了传统的教学模式。这不再是教师"掌握"所有的知识并分配给学生，不再是教师问大部分问题了，教师不再是学生作业的唯一观众。在以项目为基础的学习中，课堂之外有一个真实的观众。这是成为一种更吸引学生的学习方式的关键。从学生的角度，没有什么可以比在真实的世界学习和与多元的人群接触更能激发他们的学习兴趣了。

教育的颠覆有时比想象的要艰难得多。当我们转向新事物时，却不可彻底抛弃旧事物；当我们转向项目化时，不要放弃传统的精华部分。作为一名探索者，每个人都应该利用自己的经验。教师可以从以前教过的单元开始，他们已经熟知教学内容，并设计了学习活动，可以重新用于PBL。例如，首先，作者建议考虑一个开放式的问题，让学生不仅了解你想让他们理解的内容，还要将这些知识应用于解决问题或创造新事物。举例来说，不要问"什么会导致地震"（他们可以在网上查到），而是问"怎样才能让我们的社区在地震中幸存下来"。他们仍然需要了解地震的起因，但现在他们将利用这些知识使他们的社区更安全。

从美国的实践经验来看，基于项目的学习提供了一个更好地了解学生的机会。通过调整他们的兴趣和关注点来设计有意义的项目。花点时间去发现他们关心什么，教师就可以设计出更好的项目。同时，教师要建设课堂上的文化，一定要让学生知道他们有发言权，鼓励他们提出问题。通过培养团队合作能力，帮助他们一起学习，教他们如何给予和接受反馈以改进工作。这些技能不仅在项目中有帮助，而且在生活中也有帮助。

在此书中，作者强调了成功的几个关键。对课程设计和实施者来说，最重要的改变是知道项目必须是课程的中心，他们不是简单地将活动加在传统单位的末尾。这就是为什么经常说基于项目的学习是"主菜"，而不是"甜点"。

四、项目化学习有助于提高学习成绩

很多教师和家长关心孩子的学习成绩，担心项目化学习可能会对孩子的学习成绩产生不利影响。在美国，一些对最致力于项目化学习学校的跟踪结果，对教师和家长来说应该是令人鼓舞的。这些学生在高中阶段取得了高于平均水平的学习成绩，同时也培养了诸如合作、自我激励和毅力等关键能力。PBL学校的学生大学入学率高于区、州平均水平，而且在校学习时间也更长。美国享有盛名的项目化学习学校，加利福尼亚州高科技高中，用他们的学术成绩印证了这一点。美国"杰出学校"网站公布的数字显示：这所学校有一年的高中毕业率达到了98%，全州平均是82%；州公立大学以上录取率是98%，远超全州平均的43%；数学统测良好率是49%，英语是82%，分别超出加州平均良好率11%和31%。用网站的话来说，高科技高中学术成绩就是"学校的成就远超州的平均成绩"。

父母最好能问孩子们正在做的项目，让他们谈谈他们的兴趣，分享他们的兴奋。作为一名家长，可能有很多方法可以做贡献。例如，如果一个项目与你的职业或爱好有关，你可以是学生面试的人，也可以是为他们的工作提供有用反馈的人，但不要插手为他们"做"这个项目！为了让你的孩子更深入地学习，他们需要通过自己动手来学习，即使有时候这很有挑战性。记住，挑战就在深入学习的地方。

五、关于项目化学习未来的七大预测

未来总是那么令人心潮澎湃，预测总是那么令人心驰向往。在此书中，作者对项目化学习的未来进行了七大预测。

（1）项目化学习促进深度学习；

（2）项目化学习实现规模化发展；

（3）普及计算思维；

（4）项目化学习与全球化的目标相结合；

（5）培养项目化学习思维；

（6）重新思考学生学习的时间和方式；

（7）寻找更多方式共同学习。

作者认为书中的预言是相互关联的，可以称为良性循环。例如，为了培养教师在PBL教学中取得成功的能力，还需要帮助学生培养有助于他们成功的思维习惯。

他们还提出了把这些预测变成现实的关键所在，也就是不断分享学生成功的故事和深入学习的证据。学生本身往往是通过实际项目化学习的最佳倡导者。他们展示自己努力工作的成果时，是令人信服的！

全球胜任力培养：教育准备好了吗?

2020年10月22日，OECD发布了PISA 2018全球胜任力评估报告。以往的PISA测试主要考查学生的阅读、数学和科学素养，PISA 2018新增全球胜任力评估项目。这是PISA测试首次将全球胜任力纳入评估。

根据OECD的定义，"全球胜任力"包括四个维度：学生能够分析地区、全球及跨文化议题；能够理解和欣赏他人的视角与世界观；能够开放、恰当、有效地进行跨文化互动；能够为人类共同的福祉与可持续发展采取行动。总而言之，这是一种"关于世界区域、文化和全球问题的知识体系，以及在全球环境中负责任和有效参与的技能和性格"（朗维尤基金会）。

如今，世界各国联系日益密切，人与人交往日益深入，呈现出高度全球化、扁平化和网格化的特点。全球胜任力是未来人们所必须具有的知识、技能和品格，也是今天学校教育必须教给孩子的必备品格和能力。

一、全球胜任力教学的灵魂和基础

当全球胜任力成为培养目标之后，对于学校提出了使命和要求：学校有责任确保学生学会如何与来自不同文化背景的人合作，如何理解和兼容多元的文化和视角，并就具有地方和全球影响的问题采取积极而负责的行动。这也对教师提出了挑战和要求。如果教师想让学生具有全球胜任力，那么首先必须成为一名具有全球胜任力教学能力的教师。

众多研究者回顾不同学者和实践者如何定义全球胜任教学的文献时，发现有两种倾向似乎是基础性的：一是同理心和重视多视角；二是致力于在全球范围内促进公平。其实，这两者并不是某一种具体技能，而是一种立足全人类的视野、情怀和见识。

同理心和重视多视角是全球胜任力教学的灵魂。随着全球化的进程不断加快，我们必须越来越多地与来自不同背景的人交往。我们必须愿意考虑不同的观点，也许还需要重新考虑我们自己的观点。正如萧伯纳所说："没有改变，进步是不可能的，那些不能改变主意的人，就不能改变任何事情。"当一名教师认识到个人信念和经历是如何塑造自己对世界的看法的，那么全球胜任力教学的大门已经向他徐徐开启；如果一名教师愿意去探索那些挑战自己信念和观念的人的观点，那他就能在全球胜任力教学的大路上走得更远了。

致力于促进全球公平和发展是全球胜任力教学的基点。教育学生具有全球胜任力意味着帮助他们了解我们当前和未来领导人面临的紧迫问题：世界各地的饥饿、贫困、冲突、气候变化、疾病、教育、医疗、就业和清洁用水等问题或人们面临的不平等机会。解决这些问题与消除不平等是我们对建造美好世界的追求、想象和努力。教师的责任是引导孩子关注世界上所存在的问题，致力于地区和世界范围内的公平和发展，并共同努力就这些问题采取行动，并传递这样的信念：你们多年轻，你们都能够做出改变。

二、走向全球胜任力教学的下一步

全球胜任力教学不仅是一种信念的建立和传递，还是一种知识和技能的传授、行动能力的培养。在知识方面，一名具有全球胜任力教学能力的教师要熟悉全球形势和时事，熟知世界上正在发生的事件，并将其学科教学整合起来，成为课堂教学的教材。

教师应该对可持续发展、相互依存、文化特性和多样性、人权、歧视、种族主义、偏见、平等和社会正义、和平、冲突解决等领域保持敏感和知识储备。教师还应该掌握有关世界现状的信息。这意味着他有足够的地理、经济、政治、社会和环境知识，当然还有正确的态度、开放的心态和足够的敏感度。

教师还要意识到世界是如何相互联系的。例如，从纵向来看，学科是如何在时间坐标中纵深发生，迭代演变的；从横向来看，学科是如何在世界坐标中共生共变，激荡发展的。教师对于不同文化应该具有经验性的理解，理解文化是如何形成的，如何影响人们的思想、观念和行为，并了解跨文化交际和交往。

全球胜任力的课堂教学也与传统的课堂有着明显的区别，教师应该创造一个重视多样性的课堂环境。多样性不仅指多元文化的学习，而且还是多样方法的尝试、跨文化的对话、多向学习伙伴关系的建立，多种技术的应用、多样资源的开发和整合。学生可以在课堂上充分表达他们对不同问题的观点和看法。在这样的多元文化背景下，学生们不仅可以学会容忍，而且可以学会欣赏文化差异。对事物拥有更广阔的视角，他们可以形成一种态度——能认识到自己可以成为和平、宽容、人类价值观和人的尊严的使者，也可以成为变革的推动者。

全球胜任力的课堂会将全球的学习经验融入课程，吸收全人类和全世界优秀、先进的文明和经验，并促进这些文明的对话和交流。教师从学生对于地区、全球及跨文化议题、问题的分析、理解、互动和行动评估学生的全球能力发展，判断学生是否具有社会参与度及参与能力。

美国首席教育家、全球教师乔治·库罗斯曾提出"全球教师"的概念。他认为，全球教师是专注于"什么对孩子最好"的人，而不管学生是在他们的社区、班级、学校还是在大洋彼岸。乔治观点的核心是，全球教师不仅将注意力和精力用于课堂和学生，而且将他们对学生和其他教师的责任感延伸到课堂之外。"全球教师"乐于与他人建立联系和分享最佳实践，进而培养和分享他们的专业知识。

三、全球胜任力学习并不是一门独立的知识课程

我们说到全球胜任力培养时，有人会轻易地想到一门课程：国际理解课程。确实，从全球胜任力的内涵来看，没有哪一门传统学科课程能够承担起培养全球胜任力的任务。全球胜任力，作为培养全球公民意识和促进全球参与的知识发展和能力培养的核心竞争力，应该依托文化议题或者需要解决的问题所需学科知识和技能来开展教学，甚至是以跨学科的方式开展，并不能依靠开设一门国际理解课程来达到目的。

全球胜任力教学不需要新的课程。它要求将主动学习的教学策略与全球问题结合起来，并将其融入现有课程中。教学策略包括结构化辩论、有组织讨论、从当前事件中学习、在游戏中学习、服务学习和基于项目的学习。

教师的职责是将各种全球性问题纳入课程，包括多元文化、经济、环境和社会问题；确定具有地方和全球意义的主题——这些主题应产生深度参与，传达清晰的本地和全球联系，具有明显的全球影响力意义，并激发有意义的学科和跨学科的探索；关注全球胜任力成果——结果应包含重要的一个或多个学科的知识和技能，专注于相关的全球胜任力，为学生提供机会展示，促使他们对全球问题的理解和行动能力的不断增长。

这些主题包括但是不仅仅局限于这些：人类发展、可持续发展、相互依存、文化特性和多样性、人权和责任、偏见和歧视、平等和社会公正、和平与冲突、世界现状。这些主题搭建了地区与全球相互交织和相互联系的框架，为全球胜任力的教学提供了人类命运共同体的视角。

四、提升全球胜任力的八项策略

汤姆·阿克和叶米丽·李伯塔格曾在《全球教育能力：6个原因，7种能力，8种策略，9种创新》一文中指出全球胜任力教学的关键策略。以下是提升学生全球胜任力的八项策略。

（1）流利掌握世界通用语言（至少掌握一种外语，并且能够流利地与他人进行交流）。这一点非常具有价值，也是培养学生全球胜任力的组成部分之一。

（2）放眼世界，每天在不同主题中融入全球视野。放眼历史，利用大型历史项目等资源来推动跨学科研究。

（3）展示跨文化能力。跨文化能力是指"有针对性的知识、技能和态度的能力"。这些知识、技能和态度能够在跨文化互动中产生有效和适当的可见行为和交流。这一点尤其重要，因为无论是在学校还是在社会，学生们在任何一个特定的时间或空间里都有机会与多种文化进行互动。

（4）多元文化教育。鼓励学生与具有多元文化背景和家庭背景的人交往，并在校园和课堂中组织活动，以促进双方交流和理解。这也是优质学校和教学的特质。学校间可以建立校友关系和伙伴关系，以促进文化间的联系，并展示自己的文化背景、办学理念和规范。

（5）访学或旅行支持。旅行可以让学生了解其他文化，并培养他们的适应性问题解决的技能。"间隔年（Gap Year）"是一个为学生提供全球文化体验和学习的良好方式。

（6）为项目化学习腾出空间。巴克教育学院（Buck Institute for Education）教学教练安德鲁·米勒说："项目化学习是学生应对全球化问题的最佳方法。"

（7）拓展思维，从本地到全球。选择全球视野下的问题。它们包括消除饥饿和贫困、清洁用水和卫生设施、采取气候行动、建设智能城市和探索空间。它们是全球性的问题，但几乎所有问题都可以在当地进行探讨，从全球视野迁移到社区，如社区的交通、卫生、垃圾处理、可持续发展等。

（8）将自然和社区作为教室。"让城市成为学生阅读和学习的文本。"圣地亚哥高科技高中的创始人拉里·罗森斯托克说。这样的学习方式可以称为基于地方的教育，是沉浸式的学习体验，让学生置身于当地的遗产、文化、景观和建筑中。

博物馆式学习的"问题学习路径"

博物馆教育作为场馆教育的重要形式，在教育全景化、全纳化、全域化和终身化等特性日益彰显的时代背景下，成为学校教育和校外教育的重要板块。《中小学综合实践活动课程指导纲要》指出，小学和初中阶段场馆学习是实现价值体认目标的主要途径，以及综合实践活动的形式之一是博物馆参观。

博物馆教育得到重视，是因为博物馆教育具有真实性学习和泛在学习的形态，打破了课堂的边界，为学生提供了优质的资源聚集群，使得学生能够在真实的世界中认识、分析和解决现实问题，发展学生的核心素养，特别是创新精神、实践能力和文化品格。这些是21世纪人才适应快速变化的社会生活和职业世界的需要，是迎接信息时代和知识社会挑战的必要条件。

一、博物馆学习的"正确"问题

博物馆是为了学习而设计的，从展品到建筑，再到墙上的文字，都体现了学习如何发生，充满了学习的元素。这些学习的核心是"展品"，一尊锈迹斑斑的青铜器，一件历经战火的战袍、一封泛着岁月沧桑的书信……静静地以各种姿态出现在博物馆里。无论是游客还是学生，来到展品前，是与古老的陈列和人物邂逅，是与厚重的故事和历史相遇，是与自然和世界的共处。

王小波在他的《智慧与国学》中，是这样谈论人与器物之间的关系的："在器物的背后，是人的方法和技能，在方法和技能的背后是人对自然的了解，在人对自然了解的背后，是人类了解现在、过去与未来的万丈雄心。"因而，学生到博物馆参观或者学习，绝不是走马观花、蜻蜓点水式地观看展品，而是探索展品与人、展品与自然、展品与历史、展品与当下的关系。

对于博物馆学习者来说，真正的学习是通过对话和问题发生的。博物馆中的学习是通过对话和问题作用于学习结果的。对话和问题帮助学习者建立与展品的联系，激发兴趣，激发好奇，驱动探究；帮助学习者建立展品与历史和当下的联系，建立展品与生活和自然的联系。这样的对话是以问题为纽带的，并以问题激发学生的创造力，促进持续性和发展性的对话。

博物馆的问题与课堂上的问题有着本质的区别，是基于现场实物和立体展品的问题。美国太平洋科学中心的丹尼兹·夏兹认为博物馆里"正确"的问题具有以下几种特征。

（一）引发学习者即时反应的问题

这样的问题通常与学习者的视觉或感官元素有关，如线条、颜色、光线、比例、构图等。这些提示都将鼓励学生们在观察和发现眼前奇迹时，调动他们所有的感官，使得学生置身于场景中，获得丰富的体验和感觉。

（二）引发思维冲突的问题

这类问题强调思维的碰撞和冲突，要求学生思辨和对比，调动他们的大脑思考，如"唐朝和清朝的瓷器有何不同？为何不同？此类物品在人类历史上起到了何种重要的作用？"此类问题。还有创造性问题："你在这儿发现了一个新物种！你会给它起什么名字？为什么？如果你必须向新闻记者描述这个物种，你会告诉他们什么？"又如串联性问题："这些物体有什么不同？这两个物体之间发生了什么？让你想到生活或者工作中的何种主题？"

（三）激发真实表达的问题

博物馆学习的特点之一是真实性学习，是在真实的物品和场景前获取真实的体验和经验。教师要鼓励孩子说出自己真实的体会和感觉。例如，"你观察到了什么？你对什么感兴趣？你为什么对这个感兴趣？你注意到这个物品有什么特点吗？"而不是"你可以告诉我这个展品有什么特点吗？"

（四）从个人经验中得出的问题，而不是抽象的问题

教师要鼓励学习者围绕物品，与生活联系起来，把所思所想表达出来。例如，"我们可以在生活中看到此类物品吗？这件物品如何影响今天的生活？你看到一个杯子时，联想平时常用的杯子是怎么样的？有何关系？"

（五）开放性的问题

开放性的问题，通常是没有固定答案的，而且并不仅仅局限于或指向某个特定群体，具有包容性。教师不要害怕沉默，相反，应该鼓励学生花几秒钟，甚至几分钟来思考问题。只有如此，学生才能获得安全感，能够畅所欲言，并不断获得"探索过程"，而不仅仅是"学习结果"。当学习者将一系列特定的知识和能力用于理解世界，学习过程就显现出来了。

（六）激发好奇，驱动探究的问题

好的问题将学生的探究和批判性思考与博物馆藏品和单元计划主题联系起来，会一直驱动学习和探究。例如，服饰博物馆里的"一位200～400年前年轻人的衣服和装饰品反映了当时的经济和生活方式吗？"航海博物馆里的"不同航海器里的仪器是如何导航船舶航行的？"

二、"格物致知"的问题链条

《礼记·大学》说："致知在格物，物格而后知至。"博物馆里观看展品既是博物馆里学习最重要的内容，也是"格物致知"、探索原理的过程。博物馆环境通常有利于基于物品和经验的学习，而不是基于文本，具有独特性。美国国家公园博物馆协会的专业人士开发了由7个内容组成的问题链条，引导学习者全方位地探究展品。

（一）功能和目的

展品的名称是什么？它具有何种用处？它有多种用处或功能吗？随着时间的变化，它的功能是如何发生变化的？

（二）外部特征

展品的大小如何？形状、气味和声音如何？是什么颜色？这件物品完整吗？它有否被改变、改造或者修改？它有没有坏了？物体表面怎么样？有确定的编码吗？表面有标记或者文字吗？

（三）材料

它是由什么制成的？它是由多少种材料制造成的？

（四）技术

是谁制造出它的？它是如何制造的？使用手工还是机器制造的？它有零部件吗？这件物品告诉了你关于制造者的什么技能？

（五）设计和装饰

物件设计能够满足用途吗？是否用了当时最好的材料？它是如何被装饰的？是什么影响了它的设计和外表？

（六）场景和历史

它是何时、何地制造的？它能被用在哪儿？它是在哪儿被发现的？谁使用过或曾拥有过它？它在过去的时间里是如何发生变化的？与同时期或者不同文化背景下的其他类似物件相比，它的不同在哪儿？

（七）价值

展品对制造者在经济、美学、精神、宗教和用途上有何种价值？对使用者在经济、美学、精神、宗教和用处上有何种价值？对拥有者在经济、美学、精神、宗教和用处上有何种价值？此物品的意义和价值在过去是如何发生变化的？此物品如何反映当时的人们、社会、民族、国家和文化？此物品拓展了你对那个时代的什么知识或者观点？你还有什么其他问题吗？

综合分析上述七大类问题，我们可以将它们归纳到三个层级。第一层级是获取物品的本体性知识，如功能、用途、外在形状、所用材料、结构、建造、设计，更多地要求学生学会观察，观察物品细节，从中获得知识。到了第二层级，则是关注展品的真实历史场景和信息，属于场景性知识。例如，物品何时、何地、由何人制造，何时、何地、由何人使用，以及在历史长河中是如何演变的。最高的层级是深层次的问题，探究展品的内在价值和文化含义，分析展品如何影响当时的人们、社区、民族或者文化，分析展品在历史上所处的地位和作用，等等。

有人曾对博物馆里的导游和教师的问题开展研究，发现不到5%的问题要求学生思考或分享有意义的经历。绝大多数的问题属于认知水平较低的类型，只需要学生回答"是"或"否"，或者回忆以前的简单知识。教师应该根据不同的问题层级和思维水平，设计相应的活动。例如，在组织本体性知识和场景性知识学习时，可以要求学生自己根据问题单去探索，在组织深层次问题探究时，要组织小组合作和交流分享的方式，进行讨论和分享。越是超越表面层次的问题，越能突破展品的表层知识，对话就越有趣和有意义。

例如，当学生在参观一件艺术品时，教师可以问："这件艺术品的颜色怎样？"也可以问："艺术家对颜色的选择如何影响这件作品所创造的情绪？"毫无疑问，第二个问题比第一个问题更能激发学生的思考，更能激发讨论，更能催生更多的可能性。雷纳特和杰弗里在他们的《教育在可能性的边缘》一书中，这样描述企业领导者寻找的潜在员工："……他们的思维方式具有创新性和创造性，能够专注于各种可能性，而不是'正确'的答案或按照要求去做。"这是深层次问题对培养未来人才所需素养和能力的价值及作用。

三、鼓励学生自主提出问题

爱因斯坦认为，提出一个问题往往比解决一个问题更重要。让学生提问是挖掘他们的"惊奇"感和好奇心的极其重要的方式，而且这两者都是博物馆学习体验的关键要素。教师应该鼓励学生提出并研究他们自己的问题，体验和探索他们感兴趣的事物。

正是通过鼓励学生提问，突破教师提问的限制，才产生了最有趣的场景和联想，才产生了自主学习，使得学生的思想和经验与展品开展真实和个性化的互动。在博物馆里，学习者对展品提出自己的问题，反思自己的想法和印象，做出有自己眼光的判断，建构自己的诠释，寻求自己的个人联系。这类行为被称为主动学习，因为它们涉及对现有信息（包括来自自己的思想、感受和印象的信息）采取行动，从而形成新的想法，使他们学习得更深入，知识保留得更久，观点更具深度。

在教会学生提问时，教师的示范和引导极其重要。在刚一开始参观和学习时，教师可以选择一件物品，展示一些可能提出的问题类型——基于信息的问题、博物馆相关的问题、个人问题以及让我们发挥想象力的问题，等等，或者运用美国国家公园博物馆的7种问题类型。教师通过示范，打开了这些问题的大门，使得学生获得提问的乐趣，提高提问的技巧。

这里介绍一种激发学生问题思维、提高提问能力的方法。不管是一种稀有的动物、一把历史悠久的乐器、一只奔跑着的麋鹿、一件唐朝的唐三彩，还是一幅中国古代山水画，任何展品都无关紧要。教师给学生一张纸和一支铅笔，让他们分别列出5～10个关于讨论对象的问题。

几乎可以肯定的是，学生会很容易地写下第一个和第二个问题。然而，随着问题清单的增加，学生可能会在写出下一个问题之前停顿更多时间。此时教师追求的效果出来了，学生将不得不更近距离、长时间地观察这个物品，此刻他们在积极地思考，绞尽脑汁地想出新的问题。

在学生完成提问清单后，让每个人分享他们名单上的最后一个问题。通过这个活动，首先，教师给每个人单独的时间来思考关于这个展品的独特问题，而不是让每个人都站在前面。其次，教师将拓展展品观察和思考的价值，让学生将关注点聚焦在深层次的问题。再次，这项活动将产生更多有趣和多样化的问题，激发学生参与小组讨论。

学生在提出各种各样的问题时，也许他们发现了展品与生活的联系，也许他们想知道更多，也许他们会质疑。教师不仅希望获取更多的问题和答案，更重要的是因势利导，通过"你是怎么想的？你为什么这么想？还有哪些疑惑?"等问题启发思考，获取学生问题背后的思维和路径。其实，很多问题的答案本身并不重要，真正重要的是孩子养成主动思考、不断提问的习惯和思维，从而探索世界和自我。埃里克·布思强调："如果我们养成了通过良好的探究来追求个人兴趣的习惯和技能，我们成长的可能性就会变得无限。"

超越传统学习方式：基于脑科学的六大学习定律

"神童"不常有，人人都想有。很多家长希望孩子有独门秘诀，拥有"神一样的力量"，从而实现弯道超车。如今，社会上的学习或者培训课程只要与脑科学有关，就会受到家长的追捧。道理直白简单，几乎人人知道：学习是在大脑中发生的。

2019年10月，颇受家长和媒体关注"量子波动速读"就是典型的案例。由所谓的"全脑开发"教育机构开发的"量子波动速读"，据说孩子参加培训学习后能"一目十行，过目不忘"，能在短短的5分钟内阅读10万字的书籍。尽管后来在诸多媒体的围剿下，"量子波动速读"一时销声匿迹了。然而，南方周末记者暗访北京、广州、成都多家"全脑开发"教育机构发现，一些换了个名头的类似课程尚在进行，依然有家长趋之若鹜。

人人都想学习得又快又多。脑科学真的有用吗？脑科学是否真的很神秘？基于脑科学的学习到底有哪些规律？

一、对早期教育的重视是脑科学家呼吁出来的

人脑是自然神奇而又复杂的造化，一直被教育者视为不可捉摸的"黑箱"。与人类其他领域相比，人们对脑的研究起步较晚。20世纪80年代以来，随着新技术、新方法的应用，脑科学的研究才逐渐繁荣，科学家开始综合心理学、教育学、神经学、生物学等多种学科，从不同角度揭示人类认知活动的脑机制。

如今早期教育的加强和重视，实际上就是脑科学研究和脑科学家呼吁的结果。例如，人脑的有些区域突触的优化取决于幼儿早期的经验；大脑认识世界的方式是整体性的，一定要教给孩子有结构的知识和建构的能力。童年时的情绪性创伤会影响其一生发展的轨迹。

韦珏，教育部前副部长，是中国神经教育学发展的重要奠基人。她卸任教育部副部长后，一直致力于推进脑科学的研究和实践。她倡导早期教育的重要性，但是应该是正确和基于脑科学的早期教育，主张有必要纠正目前社会上关于脑科学的偏见和被过度消费歪曲。她认为，养育不仅仅是"养"，给孩子吃饱穿暖，更是科学地"育"，认识大脑发展的规律，才能"因脑施教"。儿童的早期发展并不是指单纯的知识灌输，重点是带着爱的语言和非语言的互动交流，让孩子在"玩"中探究周围的世界。

二、基于脑科学的六大学习定律

脑科学家们经过长期的研究和跟踪，发现了一些基于学习者大脑认知规律的学习定律。这些定律"超越传统"，不同于我们的日常认知和惯有思维，听起来好像很神秘，其实实践起来也很简单，每个家长和教师都可以成为促进孩子高效学习的魔术师。

（一）定律之一：情感胜于事实

人不同于动物的特点之一是人类拥有丰富的情感。脑科学研究表明，大脑中的杏仁核控制和调节着人的情绪，情绪和情感在学习中起着至关重要的作用。如果孩子长期处于焦虑和压力之中，肾上腺就会分泌出一种压力激素——皮质醇。皮质醇长期停留在体内，会降低人的免疫功能，并且影响记忆和思维，对身体和学习都会带来负面的影响。

与此相反的是，人的大脑本能地偏好快乐的记忆，所以追求快乐是人的天性。父母要做的是激发孩子大脑中负责快乐的多巴胺。例如，充分激发孩子的学习兴趣是激发多巴胺的最好途径。俗话说，兴趣是最好的老师。家长不能强迫孩子去上不感兴趣的、所谓的特长班。孩子不感兴趣的话，只是适得其反，不仅无法继续学下去，而且还会徒增压力和负担，影响大脑发育。赞扬、认同、鼓励、培养学习"心流"感、培养效能感、激发自信心等，都是激发多巴胺的方式。

脑科学家还告诉我们，情感比事实远远来得重要。举个例子，父母亲经常会问孩子草是什么颜色的，这是知识层面的，是一种事实。父母还应该去问孩子们草会带给我们什么感觉，如果地球上没有草会怎么样，这是一种情感培养，可以促进大脑神经元突触的链接，丰富他们的情感认知。因而家长们应该关注的不仅仅是知识的灌输和学习，更重要的是激发他们感知知识背后蕴含的情感，这样对于世界的认知才是更深刻全面。

（二）定律之二：交流胜过倾听

倾听是什么？是信息的输入。单纯靠倾听，我们常常无法检验孩子听到了什么、学到了什么，或者说学习的效果如何。

交流是什么？是信息的输出、观点的生成。高质量的输出一定经过了学习者大脑的有效思考和运作。正如在交流会或者演讲会上，学习最主动和深入的一定是发言者或者演讲者，而不是倾听者。发言或演讲是任务，驱动他们积极思考，收集和确定信息，生成观点。

学习金字塔理论告诉我们，学习效果最好的三种方式是讨论、实践和教授给他人。传统的听讲、阅读甚至是视频学习，虽然短时间内让人印象深刻，但是最终都会让大量学习的内容流失。讨论或者教授却不同，要教会别人或者让别人听懂，对学习者的要求更高。不论在课堂还是在家里，都应该创造多种条件，给孩子交流的机会，如总结、提问、回答、讨论、辩论、举例和分享观点等。

在孩子的童年时期，父母与孩子互动式的交流和沟通非常重要。这种沟通是从一起吃晚饭开始的。父母问问孩子，今天学校里发生了什么，有没有什么有趣的事发生，学习了什么可以与大人分享，好朋友的故事，等等。芝加哥大学斯金德（Dana Suskind）博士的一项研究认为：到4岁时，中产阶级家庭的交流和对话比贫穷家庭多得多，穷人家的孩子平均比中产阶级家庭的孩子少听到3000万个单词。研究还发现，3000万单词的"贫富"差距不仅仅能预测孩子在词汇量方面的发展，还能预测孩子在小学三年级时的成绩以及智商。由此可见，能够塑造儿童大脑的关键是，丰富幼儿早期的语言环境和有效的交流是否丰富。餐桌上的交流是增加孩子词汇量、培养语言能力的最佳方式。

现在很多家长有强烈的意识让孩子从小阅读，但通常只是扔给孩子一本书，常常没有做好"最后1000米"，没有鼓励孩子表达出来。阅读后的表达极其重要。孩子讲述故事，不仅能够培养他们的口头表达能力，培养孩子的自信心，还能培养他们的逻辑思维，在叙述或者表达过程中建立前后逻辑关系，锻炼大脑。

写作与阅读的关系，其实也与交流与倾听的关系一样。学习者记住自己所写的，而不是别人所写的。家长和教师应该鼓励孩子用自己的方式将学习的内容写下来，而不仅仅是听讲和阅读。

（三）定律之三：留白胜于满堂灌

中国画无论是工笔还是写意，在画面中总有一些地方没有用画笔去画。这些地方被称为留白。正是这些留白，带给观赏者审美的想象和联想，带给观赏者"蝉噪林俞静，鸟鸣山更幽"的独特体验。

孩子的学习也同样如此。不少家长经常将孩子的周末安排满满的，所有考试课程一门都不落下，还有各种各样的兴趣班，一股脑儿地想塞给孩子所有的知识。有的教师上课也是这样，从头讲到底，唯恐学生错过一个知识点，其实，这是一种违背脑科学规律的方法。

脑科学的研究显示，学习的效果与思考和反馈有着直接的关联，而不是知识的数量和时间。有则新闻讲了衡阳一所小学六年级的学生，临近期末考试，他每天挑灯复习到深夜，考前几天晚上连续做完8套复习试卷才休息。

第二天一早，他的父母发现原本健康的孩子莫名其妙出现了胡言乱语等怪异表现。原因就是，学习压力太大，身体没有得到休息，皮质醇激增导致中枢神经系统出现问题，孩子出现了神经功能和精神障碍。

要培养孩子的创造力，提高学习效率，"三闲"很重要，那就是"闲情、闲思、闲时"。家长要给孩子足够的休息时间，去做他们自己喜欢的事，还要鼓励他们天马行空的想象，因为想象常常是打开他们思维的大门。在课堂上，教师也要给学生提供思考的时间和空间。教师提出一个问题时，不要急于给出答案，而是要给学生时间思考，这样才会驱动学生高质量地输出和反馈。

（四）定律之四：图片胜于词汇

人类思考时，首先是通过图形呈现在大脑里，然后才是以文字的形式出现。这与人类大脑进化的历史和知识传递的方式有着密切的联系。人类的文字一开始就是以图形出现的，所有文明都是通过图形而开始的，如华夏文明的象形字、古埃及文明的楔形字等。

人的大脑的思考本质和方式没有因为岁月流逝发生变化，依旧固守着千万年前的方式。只不过脑科学家的研究进一步发现了大脑运行的规律：人们大脑50%～80%的物质和能量消耗与视觉有关，要远远超过其他4种感官。事实上，我们是用大脑看的，而不是用眼睛。还有，当我们听到一句话或者一个词时，我们的大脑首先会将其转化成图片。这是大脑认识世界的规律。而且今天的社会图片无处不在，我们已经迈入了读图时代。图片已经成为人们传递信息和接收信息主要的方式之一。

有句话说："一张图片胜过一沓文字。"图片蕴藏的信息比单一的文字远远来得多。家长和教师应该给孩子提供多种接触图片的机会，引导他们观察、分析、理解图片。对于低龄儿童来说，家长要鼓励孩子多读绘本，通过阅读绘本来培养他们的观察能力和思考能力，促进大脑的发育。家长还可以反其道而行之，鼓励孩子根据故事情节或者文字去想象、可视化，将平面的文字转为大脑里立体的形象，从而使得学习和理解更加深入，效果更明显。

（五）定律之五：运动胜于静坐

静坐可以澄清思绪，增进健康，是修养身心的一种重要方法，但绝不是学生学习的最佳方式，尤其对低龄儿童来说。人类从一开始，我们的身体和大脑是被改造以运动来适应世界的。

教育和学习也同样如此。运动能增加大脑氧气供应，提高思考效率，运动越多，我们的大脑就变得越聪明。大脑是一种"喜动厌静"的器官，新鲜、刺激的信息是促使大脑成长的营养，会让大脑分泌更多的多巴胺。我们可以发现，一个孩子在桌子前坐得越久，学习的效果就越差。所以孩子经过一段时间的学习后，家长应该鼓励孩子站起来运动一下，而不是说时间越久，学习就越认真。人脑需要运动来增加氧气供应，提高学习效率。

一个由儿科医生、认知科学家等组成的团队对学生健康做过评估，发现一周只要运动3～5次，每次30～45分钟，就能大大提高孩子记忆力、注意力和教师行为的正向效果。科学家很早就知道运动和情绪有关。运动可以抑制大脑中杏仁核的活化，阻止负面情绪的出现。运动完的人情绪一般很亢奋，很少忧郁或者具有攻击性。

哈佛大学曾有个"零点计划"，其中一项内容是让学习者在活动中学习，主张"游戏化学习"。项目负责教授表示，游戏和趣味性是学习的核心。在游戏过程中，儿童具有很强的参与性。在放松的状态下，大脑做好了学习的准备，同时游戏本身也具有一定挑战性，促使儿童通过不断测试和假设，进行各种尝试。因而家长要经常与孩子做游戏。在游戏过程中，孩子强化了大脑功能，探索了周围的自然环境和社会环境，学习如何与人共处、如何合作。

（六）定律之六：不同胜于相同

单调、乏味、枯燥、无趣、厌烦是学习的天敌，尤其对儿童和低龄学生来说。这些情绪产生的原因是他们总是面对相同的事物，生活和学习总是波澜不惊。脑科学告诉我们，我们总是会注意那些变化了的事物，而很少去关注乏善可陈、一成不变的事物，因而我们的大脑需要差异、创新、比较、对比和特殊，从而提高学习效率。

改变发生的时候，就是唤醒思维的时候。家长要经常创设不同的生活或者学习环境。例如，经常带孩子去不同的地方，体验不同的生活；要求他们经常变换路线去同一个地方，如学校、附近的公园、爷爷奶奶家，或者经常变动散步跑步的路线；经常调整家里的布局或者摆设的位置，给孩子新鲜感，刺激脑细胞，促进大脑的发育。课堂上，教师也需要经常改变教学方法、调整教学内容，改变教学环境激发学生的兴趣，学生对教师的小小变化都会欣喜无比。

让孩子比较是促进大脑思考和发育的绝佳方法。比较的素材在生活中无处不在，不同动物、植物、旅游景点等，都是比较的对象。还有比较不同的故事和小说，能够促进孩子对文本的理解和思考，是阅读的最高境界。比较是人类的高级思维，是对事物进行分析，分解出事物的相同点和不同点，从而舍弃非本质特征并抽取出本质特征的思维过程。

突破项目化学习的迷思

项目化学习（Project-Based Leanring，简称PBL）是当前的时髦语汇，近来在国内引起了广泛关注，人们将其视为素养时代学习的重要学习方式。原因很简单，如今时代变了，孩子不再需要大量的、静止的知识，而是需要能够面对急剧变化的时代和变革的关键技能，如批判性思维、合作能力、决策判断能力、信息整合能力等。项目化学习正是能够担纲培养关键技能的教学方式之一。

这不仅是时代变化的需求，还是如今教育变革的需求。几乎所有课程改革的任务之一，就是要改变课程过于注重知识传授的倾向，强调形成积极主动的学习态度，使获得基础知识与基本技能的过程同时成为学会学习和形成正确价值观的过程，明确提出要"改变教与学的方式"。项目化学习恰恰契合这样的要求，将孩子的"学"置于教师的"教"之上。对项目化学习者而言，学习意味着一段旅程、一种经历，最终意味着生命成长，因而要让这种学习的意义真正实现。

现在，不仅许多学校在引进PBL项目、尝试PBL教学，而且很多家长也很关心PBL，认为这是一种能够给孩子带来心智变化的"新知"，纷纷将孩子送到一些机构进行PBL学习，或者在家根据一些资料让孩子"按图索骥"学习。看着孩子兴高采烈地动手、实践，好像很投入的样子，家长们会很欣慰，仿佛找到了真正属于孩子的认知方法。但是，实践层面上的纷繁经验和新生事物带来的混沌迫使我们回到一个更加本质的问题上来，即项目化学习究竟对孩子意味着什么，项目化学习究竟是怎样的真实学习形态。项目化学习，即使在其发源地——美国，已经存在了上百年了，但依然存在诸多不同的看法和做法。在国内大家争相实践时，更是有着层出不穷的迷思和误区，家长们需要了解PBL中的迷思，了解什么是真正的PBL。

迷思一："做项目"等于"项目化学习"

在众多关于项目化的迷思中，"做项目"等于孩子通过PBL学习的迷思最具有迷惑性。长久以来，我们一直陷在死记硬背的教学泥潭中，项目化学习一下子颠覆了原来的教学流程或方式，我们下意识地认为只要"做"就好。有了"做"，我们就彻底告别原来的传统课程教学或者学习方式。孩子开始动手实践，项目化学习就发生了。

然而，如果孩子没有学习到任何知识和技能，孩子是不能真正完成项目的。项目化学习强调通过项目的设计和执行落实学习过程。换句话说，孩子一定是在完成项目的过程中，同时正在发生学习。如果项目化学习聚焦的不是学习，那就不是真正的项目化学习。

计划、调查、合作、问题解决、迭代修改、转换、编辑，还有其他PBL式动词，如同创造性思维和批判性思维一样，需要成为项目化学习内在的要素。这些要素是借助知识的学习来实现和达到目标的。最具光芒的是，项目化学习聚焦学习过程，跨越一定时空的成长，项目的结果只是反映过程和成长的物体而已。

所以，如果孩子只是简单地拼凑一篇小说，做一个金字塔模型，或者从湖中取水分析水样，测量建筑物的长度或高度的话，那这些根本不是项目化的"制作"和"学习"。这些活动和任务是孩子在解决具有挑战性任务或提出一个核心问题的解决方法时，是为最终的目标达成而服务的。

"用废旧材料制作环保衣服"是很多教师会考虑的项目，即让孩子自己通过收集身边的废旧物品，制作衣服。确实，孩子有机会动手、实践，而且最后会有"产品"，但是这样的设计是否符合孩子的生活实际，是否有代入感呢？是否具有驱动性问题引领呢？是否有真实的跨学科黏合呢？

我们来看看另一个与衣服有关的项目，它的驱动性问题是"如何设计时尚、受欢迎的校服"。这个活动具有很强的代入感和现实性，孩子本身对校服的样式很感兴趣，因为这与他们的校园生活密切相关。对"时尚、受欢迎"的主题，孩子通常更会感兴趣。他们要做调查，研究同学对校服的喜好情况，又要做数据统计，与数学学科融合，还要动手设计，呈现创意和实用的结果，更要打报告和口头说服校领导支持，将语文学科的听说读写能力应用起来。更为关键的是，他们能够看到学习与自己的生活联系了起来，解决校服千篇一律、死板统一的问题。

迷思二：教师应该设计项目

很多人认为，教师或大人才是教学的设计者，教学设计是教师的任务，而不是孩子的。这就错了。如果一味地将项目化学习的设计推到教师的身上，课堂依旧会回到以教师为中心的课堂。项目化学习的特点之一就是倾听孩子的声音。美国巴克项目化学习研究院提出项目化学习的八大黄金标准之一是"Student Voice and Choice"，就是孩子一起来做出有关项目的决定，包括如何开展学习和工作、制作什么产品等。

教师负责设计项目，但更多的是流程式的统筹和设计，例如时间安排、分级性评估、检查评估、设计合作分工、制定项目目的、确定汇报观众等。理想的状态是，教师和孩子协同工作，在相关专家、社区人员和家庭成员的支持下，一起完成跨越时空的学习过程，孩子始终知道"我是谁""我要去哪儿""我应该如何去"。

如今很多项目化学习呈现两种趋势："高结构化"和"主体弱化"。第一种是指设计的项目化学习过于严谨，实施时一成不变。其实，一个好的项目是需要在实施过程中不断完善的，是需要迭代的。只有经过不断的"打磨"，项目才能不断趋于完善。孩子也只有在不断地项目迭代、调整的过程中，在真实情境中习得、掌握那些关键技能。第二种是教师包办整个学习设计，忽略孩子的声音。孩子只是按照教师的要求按图索骥、按部就班，毫无创造力和主体性的培养。

迷思三：项目化学习是"甜点"而不是"主食"

人们通常会把项目化学习解释为"基于项目的学习"，但是语义不明，词语反复。例如，项目是什么样的项目？是学科的还是跨学科的？是教学策略还是课程形态？由于目前学校的课程高度分科化，人们对于项目化学习地位的认识莫衷一是，常常从学校本位来思考和定位项目化学习。很多情况下，我们认为项目化学习是学校课程的补充，锦上添花而已。

在核心素养导向的课程中，概念学习、主题学习、单元学习是高频率词汇，而且如今很多教材按照主题编排。教师设计教学从主题思考，那么项目化学习就能无缝衔接和有机渗透其中。在某种程度上，项目化学习是课程学习的核心，可以驱动教学。它并不是在传统课堂教学附加出来的有趣活动，而是灵魂和主线。我们说起"项目"时，不仅指的是具体的、最后呈现的产品，而且是对某一个驱动性问题或挑战回应的学习过程。

因此，项目化学习应该牢牢地占领所有学科的阵地，而不是变为拓展性课程、主题实践活动，或者综合实践活动等课程的形态存在。项目化学习强调一种学习的过程和成长。

迷思四：项目化学习弱化课程标准和知识学习

我们谈到项目化学习，下意识地会想到"做"，而不是"学"。很多人认为项目化学习弱化了"学"，强调"做"。这也是项目化学习更多地发生在边缘活动或者非主流学科之中的原因。

巴克项目化学习研究院提出的八大黄金标准的核心是聚焦孩子的学习

目标，包括基于课程标准的学科内容、技能及对于概念的深度理解。多项研究证明，孩子通过项目化学习记忆知识和概念的效果要远远好于传统的学习方式。

著名的学习金字塔理论可以证明这一研究结论。在塔尖的是第一种学习方式是"听讲"。这是我们最熟悉最常用的方式，但学习效果却是最差的，两周以后知识保持率只有5%。第二种是通过"阅读"方式学到的内容，两周后保持率可以保持10%。第三种是用"声音、图片、视频"的方式学习，两周后保持率可以达到20%。第四种是"示范""看演示"，两周后保持率为30%。第五种是"小组讨论""参与讨论""发言"，两周后保持率为50%。第六种是"实践练习""做中学""实验法"，两周后保持率可以达到75%。第七种为最后一种学习方式，是"教别人"或者"马上应用"，两周后保持率为90%。项目化学习的学习方式主要指向后两种学习方式，所以在知识学习和概念理解上具有独特的优势。

所以，在项目化教学中，教师能否提出此学科或者主题的本质问题和概念，是衡量项目化学习效果的重要标准之一。孩子通过问题解决、方案设计、产品制作等高阶认知策略和行为，加深对学科概念的深度理解，并实现在真实情景下的迁移和应用。

我们来比较两个项目，第一个项目是教师要求孩子调查"根据人口普查，为什么很多东北人的祖籍都是山东"，并用海报或者PPT展示结果。这是非常传统的、命题式的、闭环式的项目，涉及的学科领域和知识比较单一。如果具有学科概念和课程标准的意识的教师会设计这样的问题："迁徙，意味着什么？"本身这个问题具有开放性，涉及历史、国内外地理、自然，自我等维度，孩子可以通过各种类型的"迁徙"比较和分析，如走关东的历史、美国"五月花"号的案例、大雁南飞的现象等，建立对"迁徙"这一核心概念的理解。"迁徙"的概念本身是历史和生物学科的重要核心概念之一。

迷思五：项目化学习需要昂贵的投入

如今，技术发展已成为推动教育变革或者学习方式转变的力量。人们讲起教育改革时，常常会有意无意地将技术和投入作为重要的因素。确实，教育改革离不开技术和投入。技术的融入一定会强化项目化学习的优势，拓展学习的广度，甚至促进项目化学习的个性化学习。但是，项目化学习并不是技术的奴隶，离开了技术会寸步难行。

我们并不能潜意识地认为技术"非常有必要"，更不能被认为没有技术会影响项目化学习的效果。关键是，学习是项目化学习的核心，而不是技术，技术只是一个手段或者工具。孩子的合作能力、动手实践能力、批判性思维等素养的养成并不是依赖技术生成的，而是依靠参与、体验和反思才能真正习得的。

有个美国小学的项目非常经典，反复被研究项目化学习的专家引用。这个项目的名字是"我是一名鸟类学家"。教师先给孩子看了不同鸟类的照片，让大家讨论其中的不同之处；接着教师展示了鸟类的栖息地图片，请大家根据不同鸟的形态特征来猜测它们各自的栖息地；孩子们分组讨论，写下猜测结论和分析的理由；随后各小组进行猜测结论的分享，教师来揭晓答案并阐述理由。

接下来，教师引出了真正的问题："如果你是一名鸟类学家，你在某个地方发现了一种未曾被发现过的鸟。请画出这种鸟以及它的栖息地，并为它命名。"这要求孩子还需要以鸟类学家的身份写一篇"学术报告"，在文章中分析这种鸟类的各部分形态特征和环境之间的联系，向世人汇报这一重大发现。

这个项目只需要传统的教学工具——图片、纸张、笔而已，没有什么高科技的技术和昂贵的投入，但是孩子需要掌握核心概念：生物所处的环境是如何影响生物特征的；还需要建立假设、寻找聚合型证据来支撑，并给予综合说明，来支撑自己的设想。

迷思六：有了项目化学习，不再需要传统的教学

教学需要变革，但不是颠覆。在改革的话题上我们有时会具有黑白思维，即不是黑就是白。一旦改革创新，我们就必须摒弃传统的教学方法，然而真正的变革恰恰是糅合黑白，走借鉴、兼容的道路，走中间路线。正如我们在借鉴学习国外的先进教学方法时，还要坚持传统的优秀教学方法。

项目化学习要改良传统的教学方法，如灌输式，传授式、讲解式等，但是，并不是要彻底将这些方式赶出课堂。项目化学习只是要改变这些方式占领课堂、"一统天下"的形式。在项目化学习的某个环节或者说某个学科的一定主题，传统教学方式还是具有一定优势。就像有意义的讲解、基于情境的传授，依旧能够促进孩子认知结构的变革，促进孩子对于概念的理解和应用。运用得当的话，仍然可以达到"引人入胜"和令孩子"流连忘返"的教学效果。还有，传统的、标准化的测试也是必要的评价方法之一，能在单位时间内高效地检测孩子知识掌握的程度。

因而项目化学习是一艘"大船"，兼容和搭载着有效的，甚至是传统的各种教学实践。无论是传统的方法，还是创新的实践，一定要发生在更具意义的场景和更具学习动机的任务。学习从来就是"学无定法，贵在得法"。

迷思七：项目化学习一定要分级评估

评估、检验是教学的重要手段之一。在项目化学习中，不少人认为"无评价无学习，无评估无项目"。在项目化学习结束后，非要给孩子评个三六九等，或者给孩子一个分数。

项目化学习是长时间的学习任务，而不是活动而已，所以要认识评估在项目化学习中作用和价值。如果你认为孩子能够从最后的产品或者手工作品的评估分级中受益的话，那就评估分级；如果你认为来自教师的口头或者笔头的反馈有意思的话，那就那样做；如果你认为来自社区或外部的某个专家

的反馈会有帮助的话，那试一试。所以，评估是多方面的，而不是固定的。只有当评估真正产生促进作用，才有价值。

还有，量规评价是项目化学习评估的主要方式，但是不要依赖于此而应采取多种评估方式。有时，孩子的心智结构和知识结构的变化很难用一套简单的评估框架来衡量。学习的过程远远比结果更重要，鼓励孩子参与，鼓励孩子发出自己的声音，鼓励孩子犯错，远远比评估更重要。何况，量规评价常常是标准化、主观化、统一化的，很难评估一个个鲜活的生命和思想。

迷思八：孩子必须制作"面向真实世界"的产品

"真实性"是在项目化学习中经常提到的词汇，"真实"的世界、"真实"的场景、"真实"的产品等。其实，"真实"一直是个相对的概念，教师所做的，努力使学习逼近"真实"。有时毕竟课堂会与社会有一定的距离，"真实"有时会是尴尬的话题，会涉及孩子的隐私、安全等。

"真实"，不仅需要与"真实"世界联系起来，更要与孩子的"真实"收获和内心世界联系起来，所以项目化学习并不是一定要以解决"真实"世界问题的产品为终极目标，而是从课程标准和学生需求出发，否则就变成了基于现实问题解决的教学，而不是真正的项目化学习。孩子获得"真实"的收获，投入当下的学习，收获心智的自由成长，以及沉浸在学习本身所带来的挑战和快乐的过程当中，这才是"真正的、真实的"产品。

项目化学习兴起的三大时代隐喻

说起项目化学习，如今在教育领域，可谓是"炙手可热"，受到很多学校和教师的追捧。在美国，项目化学习越来越成为教学的主流方式。在国内，大家也逐渐达成"项目化学习在改变传统教学"的共识，课堂实践也正如"星星之火"，成为很多教师的选择。

为什么项目化学习变得如此受欢迎？因为项目化学习的特点契合今天时代发展的潮流，符合人们对于教育理想的追求。

一、不确定性的时代

今天的时代充满着不确定性。几千年前，古希腊哲学家赫拉克利特曾说过，这个世界唯一不变的就是改变。当时，这是缓慢的改变，人们的认知速度一直没有变快。科学界人士测算，人类已经掌握的全部知识，约有90%是第二次世界大战后取得的，其余的10%是在此之前的几千年之内逐步积累起来的。

相当长的时间内，人们学习的知识几乎没有呈现突飞猛进的增长。只是在1976年前后，世界知识的增长速度远远超越了个人的学习速度。进入智能化时代后，知识进一步激增，"缓慢改变"的时代正在变成"瞬息万变"的时代。

由此，很多知识可能变得没用了，职业的迭代和更换速度也变得前所未有的快。在智能化时代，我们的工作需要什么样的新本领？先来看看各行各业的变化：在制造业领域，特斯拉工厂主要是机器人在工作；在服务业，银行自动柜员机取代大量营业员；在食品业，旧金山一家企业生产的机器人1小时可以做360个汉堡。该公司创始人说："我们造机器不是为了提高人的工作效率，而是要完全取代他们。"在知识界，Alpha Go的深度学习、自我"进化"将导致预测、决策都在智能化。

在知识重新定义、职业更新迅速的今天，不确定性是这个时代带给我们每一个人最大的冲击。如果我们的教育还是侧重于背诵和记忆，我们的课堂还是围绕知识展开，我们学习是为了一件事——怎样考出好的分数，显然在这种教育模式下培养出来的孩子无法面对未来的世界。

项目化学习本身是充满着不确定性的。项目化学习不是以唯一答案为目的的学习，而是学生在驱动性问题的引导下，将知识运用于新情境以解决问题。为了解决问题，每个人或每个小组所得到的答案是各不相同的，是他们自己思考和实践的个性化产物。

不确定性，意味着意外、风险、失败，当然也有会收获、成功和启迪。有人喜欢探险，喜欢到远方去背包游，而不是跟团游，因为这样的旅途充满了刺激和意想不到的收获。人类一次次远征太空、高山和海底那些秘境，都是充满着不确定性。正是在不确定性的探索中，人类才会一次又一次地超越自我，跨向远方。我们总是对未来心潮澎湃，也正是因为未来充满了不确定性。

也正是在不确定性的学习中，学生在学习的过程中深度自主，全情投入，学生拥有解决问题、批判思考、创新思维、沟通表达、团队协作等未来社会需要的能力，这些是孩子面对充满了不确定的未来世界的生存能力、生活能力和工作能力。

二、包容性的时代

现代社会的特点之一是包容性，即价值、文化、方式的多元并存。以前我们的学习方式是单一的，通过课本学习；学习场所也是单一的，在学校和教室里学习。但是今天我们的学习方式呈现出多元化和包容性，可以通过课本学习，也可以在线学习，也可以在图书馆学习，等等，以自适应的方式成就了每个人独特的学习方式。

当然，包容性更重要的是人与人之间的包容、人际关系的包容和心理层面的包容。要建立人类命运共同体，其核心就是要包容，国与国间的文化包容，文明包容、发展包容、经济包容，当然还指人与人、人与社会、人与自然的和谐。所以说，包容性是21世纪世界发展的主旋律。

在项目化学习的发源地美国，对于包容性尤为重视。步入21世纪，美国教育界普遍认为，美国20世纪的教育制度所依托的经济和社会基础已经发生变迁。在制造业和农业经济并存的20世纪，人们掌握了"3R"（阅读、写作、数学）足矣，就能"一张文凭，一技傍能，一生无忧。"如今到了数字化、网络化、可视化和智能化的信息时代，人们要具有"4C"，即学校该教批判性思维、沟通、合作和创意的4项技能。他们认为这4项技能是学生工作和生活的核心技能，都是包容性的体现。

批判性思维不仅是理解和分析的思维，还是一种判断和决策的思维，要会建构自己的看法和思想。创新性思维的关键，是观点和想法的原创性以及坚持不放弃的尝试。当你有了新想法时，要勇于尝试。教师在教学中要保护学生的好奇心，鼓励他们不断尝试。即使失败了，也要思考和总结其中的经验和教训，或者转换角度思考，变成增长性发展。交流能力是指我们不仅会表达和沟通，而且要学会倾听，具有开放兼容的态度和相互信任的立场，才会激发思考，产生思维碰撞，为选择和判断创造条件。合作的内涵是团队的交流和协同作业。团队中每一个人要具有"我们"的概念，建设"我们"的文化，交流和尊重每个人的想法。

项目化学习更是将包容性体现得淋漓尽致。很多情况下，项目化学习是基于情境的教学，以多学科、跨学科直至超学科的形式展开。在一个主题下，将各种学科的知识包容在一个问题的解决之中，优秀项目的特征之一就是学科间知识的张力无限以及互相的兼容并蓄。

在教学方式和课堂形态上，项目化学习更是体现着强大的包容功能，从基于问题的学习到探究性、研究性学习，从基于现象的教学到主题式活动，等等，都可以看到项目化学习的影子。

项目化学习是学生自主探究的过程。以往，学生接触的教学情境通常是对正确答案的追求。而在项目化学习中，学生时刻会遭遇到挫折和失败，教师要学会等待，容忍学生犯错。学生的犯错和调适过程是学生心智自由成长、心智结构变化的过程。优秀的"项目化教师"总会精心"呵护"错误，引导学生解决问题，而不是"一棒打死"学生的想法和做法。

包容不仅是教师对学生的包容，还有同学之间的包容。对彼此人格的尊重，对彼此观点的欣赏，对彼此错误的包容，是他们未来走向社会、与他人合作共事的重要技能和品质。

三、创造性的时代

人工智能、虚拟现实、互联网、大数据等技术飞速发展、更迭，正在给人类文明带来颠覆性的影响。这些技术都是创造的结果。其实一部人类文明史，就是创造发明史，只不过今天创造的步伐越来越快，越来越让人眼花缭乱。

以前我们经常提到的"互联网+"，是指互联网思维的进一步实践成果，推动经济形态不断地发生演变，让各种传统的行业搭上互联网这艘"巨轮"。然而，你是否发现，如今已经悄然进入了互联网的"硬核"时代？比如，百度正在利用其大数据的优势研究和开发无人驾驶，还有远程医疗机器人、语音翻译小机器人，等等。美国的"硬核"时代也正风头正劲，科技巨头都在布局围绕硬件的产业。谷歌过去是一家纯互联网公司，如果不打开它的网站，开始谷歌搜索或谷歌地图，你就体会不到它的存在。但是现在不一样了，谷歌眼镜、谷歌无人驾驶汽车、谷歌智能机器正在重新定义谷歌公司，亚马逊、脸书、特斯拉、苹果等公司都在智能领域创造无数智能化产品。

2017年，我国颁布了《中国制造2035》，目的是提升智能制造水平和创新体系建设的深入。为什么？就是为了抢占科技发明和创新的制高点，在核心技术上不能被其他国家"卡脖子"，增加国家的核心竞争力。今天中美贸易战的核心，说简单点，就是科学技术的竞争和比赛。迄今为止，美国的大学汇集了全球70%以上的诺贝尔奖获得者。在全球最顶尖的20所大学中，按科学贡献度计算，美国占了17所，从麻省理工到加州理工，培养了大量的工程师和最顶尖的科学家。所以，创造是国家发展的关键，也是互联网时代的核心。

人才的创新能力是在校园和课堂中培养起来的。任正非说："一个国家的强大是从小学教育开始的。"同样，一个人的创新能力就是从小学起培养的，如果一个孩子从小缺乏仰望星空、缺乏好奇探究，从小没有经历创造制作、尝试失败的话，那么长大后创造能力无所谈起。

项目化学习的成果是区别于其他教学法的关键所在，是承载创造发明的"硬核"。学生们在真实的、有意义的动手环境中，可以运用核心知识、批判性思维、创造力和沟通技巧来呈现和释放具有感染力和创造性的能量。

但是，成品绝不仅仅是制造"酷的东西"，而是用产品的形式表达对所学的知识和核心概念的理解及应用，更为关键的是，产品和创造要面对真实的观众和世界，甚至要改造世界和服务社会。

研究了数百个项目化学习案例，
发现我们离"世界"很遥远

　　项目化学习正在国内外教育界掀起一阵阵浪潮，进入很多校园和课堂，被人们视为改变传统教育的有效方式和未来教育的趋势。之所以被关注、议论或实践，是因为项目化学习符合学习即研究的本义，符合认知科学的理论，也是人们对人才标准的新理解的体现，是对社会转型给教育带来挑战的回应。

一、我们的"项目化学习"缺了什么

　　无论是趋之若鹜、亦步亦趋，还是形神兼备、鲜活生动，我们正在见证越来越多的项目化学习诞生。要实践项目化学习容易，然而要实践真正的项目化学习着实不易，我们要问的是，我们是否已经做好真正的准备？

　　要真正做好项目化学习，无论对学生还是老师，都是巨大的挑战。我们的理念和角色是否与项目化本质真正契合？项目化学习中，学习是否真实发生？指向关键能力和品格的核心素养培养是否贯穿于整个学习过程？项目化学习在我们的课程图谱和成长道路上是否不可或缺？

　　我们来分析一下这些项目化学习的主题：

　　　　（1）"一亭一廊"话建筑；

　　　　（2）"水"主题项目化学习；

（3）植物艺术家；

（4）如何让社区中消失的蜜蜂回来；

（5）让我、家庭、社区一起走进健康；

（6）为历史博物馆设计一条线路。

从这些主题的名称中，我们依稀可以看到两种不同的价值取向和实践导向：一种是课本知识导向，还有一种是现实问题导向。前三个主题显然是以知识学习或动手实践为主要导向。学生在此类项目化学习中，围绕主题收集信息和知识，或者动手实践。成果通常为一个知识或者技能的"大拼盘"。

这类项目属于不真实的"甜点项目"，涉及学生在学校里通常会做的作业：写一篇文章，制作一张海报或一种模型，写一篇读书报告，或者就他们所研究的主题做演示。学生的作品没有公开的观众，没有人真正使用他们创造的东西。他们所做的工作也不是人们在现实世界中所做的。

后面的三个呢？"把附近消失的蜜蜂找回来""在社区里推进健康事业"和"设计一条独特的博物馆参观路线"，完全与学生的现实世界或者生活联系起来。学生在项目化学习中，用所学的知识去解决真实的问题或者改造社区以及世界。

在这一类项目中，学生们从事的学习是真实的，或对现实世界有影响，或在现实世界中应用。可以是一项发明的原型设计，为一家企业集思广益，倡导一项行动。关键是这些项目是学生现实世界的，他们知道项目解决的是他们自己遇到的问题，或者是世界上成年人面临的问题。

即使它是虚构的或是幻想的场景，它仍然维持着一个真实的或现实的学习基础，任务由此而生。学生采取行动改造环境和社区，为他人服务，创造可以展示或分发的实物制品，或者在各种媒体上表达他们对某个主题的想法，说服他人，传递观点。

　　笔者研究了国内外数百个项目化学习案例，惊讶地发现，我们绝大多数的项目化学习是以知识或者技能培养为起点设计的。学习的闭环是以知识学习开始的，也以知识学习结束，与传统的知识学习路径并无差异。而高质量、高价值的案例是以个人、学校、社区，甚至国家和全世界的问题为起点的，最终以解决问题结束。

　　说起美国HTH高科技高中，大家毫不陌生。在他们的网站上，我们可以看到他们学校实施中最为成熟的项目，有120个左右。这些主题包括：

　　　　（1）如何治愈社区伤痕和冲突；

　　　　（2）社区的无家可归者们；

　　　　（3）如何繁殖并拯救城市海岸珊瑚礁；

　　　　（4）为无家可归者提供"家"；

　　　　（5）世界上的同龄人在干什么；

　　　　（6）镜头下的动物——生存或灭亡；

　　　　（7）我们的社区，我们的故事；

　　　　（8）为国家历史博物馆设计一条线路；

　　　　（9）原住民的生存智慧在今天的意义；

　　　　（10）如何基于残疾儿童的需求设计一个玩具；

　　　　（11）如何制造深受顾客欢迎的肥皂；

　　　　……

　　仅仅看看这些标题，我们就可以感受到"真实感"和"意义感"扑面而来。几乎所有的项目始终围绕真实的生活世界，解决现实世界中的挑战、需求、问题或担忧，其中许多问题甚至是联合国大会级别所讨论和商议的"大问题"。项目化学习更多反映了发生在学校以外的研究、决策和行动，这就是它们真实的原因。这样的设计恰恰也是我们所看到的项目化所欠缺的。

二、"真实"是项目化学习的基石

项目化学习的发端并不是在最近，然而兴起却是最近几十年的事。众多研究者正在不遗余力地试图洞悉和觉察项目化学习的本质，纷纷提出项目化学习的要素、模型或关键。贯穿这些定义的共同点之一始终是真实世界的连接或真实性的元素。

美国巴克教育研究所将项目学习定义为："一种教学方法。在这种教学方法中，学生通过长时间的学习、研究和应对真实、有趣、复杂的问题、主题或挑战，从而获得知识和技能。"在此基础上，它还提出了著名的"项目化学习黄金七要素"，其中一个要素是"真实性"。巴克教育研究所将"真实"理解为"该项目涉及现实世界的背景、任务和工具、质量标准或影响，或者该项目涉及学生生活中的个人关注点、兴趣点和问题"。

"真实"学习的概念更像是一种哲学，是课程设计的一种模式，而不是一种学习理论，是为了获取学习和应用之间的突破，跨越理论和实践之间的鸿沟。项目化学习里的"真实"包含很多层意思，如倾听学生的声音、让学习"真实"发生、制作"真实"的产品和面向"真实"的公众。然而，最重要的、也是最核心的是让学习与真实的环境保持一致。这种环境使学习目标与现实世界的任务、内容和背景相一致。

约翰·拉默、约翰·默根多勒和苏茜·博瑟合著的《为项目化学习设定标准》一书中，对"真实性"从四个方面进行了描述：

（1）满足了现实世界的需要，或者专注于当地的问题，对学校以外的世界产生真正的影响。例如，设计新的学校花园或操场；在附近公园里设计新的儿童游戏区；为年轻人创建他们喜欢的图书网站；编写一份指南并制作播客，让游客参观他们所在地方的历史遗迹；担任一家甜品店的顾问，就如何增加对年轻人的销售提出建议。

（2）关注与学生生活息息相关的问题或话题，或者说是成年人面临的问题。这样的问题或话题直接向学生打开了世界的大门，而不是局限于学生在课堂中的学习。教师可以通过与学生的对话，倾听他们的声音，了解他们生活中的个人兴趣或问题，引导学生确定主题，开展探究和学习。例如，探讨如何交朋友和失去朋友的原因；在提倡节约、反对浪费的当下，如何最大限度地减少学校里的残余食物；组成特别小组，研究气候变化对社区可能产生的影响，并对可以采取的行动提出建议。

（3）建立一个真实的场景或模拟、虚构的场景。例如，扮演建筑师的角色，设计一所能够容纳人数最多的剧院，要考虑可用土地、成本、安全性、舒适性等方面的限制；扮演联合国顾问的角色，为贫困国家提供帮助制订方案或者采取行动；充当航空人员，提出新的太空探索项目，竞争宇航局的资金。还有类似模型联合国、模拟实验、关于广岛原子弹的辩论等现实世界中广泛存在的场景。

（4）成人在实际环境中使用的工具、任务、标准或流程，以及工作场所的专业人士使用的工具、任务、标准或流程。例如，研究滑板的学生使用科学家所用科学方法和工具测试各种表面的速度；研究社区历史和文化的学生收集各阶段的资料，并提出观点和证据；研究病菌是如何传播的学生进行调查，分析数据，录制访谈视频，并使用在线编辑工具来组织他们的演讲，编写专业小册子，开展宣传或推广。

学生们在项目过程中，像科学家、历史学家、数学家和文化考察者一样思考、工作和实践。这样的学习提供了真实的体验，允许学生在现实世界中达到应用、实践和研究的目的。一个项目可以有4种方式是"真实"的，也可以融合其中一些方式。

三、我们为什么需要"真实"

100年前，教育家蒙台梭利进行了一项实践：把一家农场交给学生，让他们完全靠自己经营和管理。他认为，这将给青少年一种使命感和意义感，从而为他们提供价值观，激励学生进行更深层次学习，这也有助于他们学习经济独立。这是 100 多年前真实的项目化学习。

今天 HTH 高科技高中的学生正在进行"重新定义城市农场"项目，学生们批判性地思考人类在有限空间内有效生产粮食和净化水方面的潜力。今天的学生和 100 多年的学生都在研究农场，然而研究的问题却大相径庭。时代已经发生变化，人类面临的挑战也在发生变化。研究"现实世界中的挑战、需求、问题或担忧"是真实的项目化学习的关键所在，也是项目化学习的魅力所在。

更何况，21 世纪的发展变化和环境危机前所未有，很多地区政治和文化割裂，人口不断增长，资源持续枯竭，极端气候频发，更需要项目化学习以帮助学生理解、参与和塑造这样不断变化的世界。

传统课堂教学的问题通常围绕知识的记忆、复述和理解展开。这种问题通常是虚构的、以线性的状态发展。现实世界中真实的问题是复杂的，很少是通过一条通向单一结果的路径来解决的。复杂的问题通常涉及确定和解决一系列较小的问题。这如同树叶的主叶脉由许多小的叶脉组成。

从生活世界出发的项目化真实问题具有不良结构，有多个"正确"的结果，没有唯一正确的答案，比虚构的问题更丰富、更多层面，而且更吸引人，对学生的挑战更大。学习者面临的挑战越大，越能激发他们的学习动机和思维，从而进行更深入的学习。

在解决挑战的过程中，学生必须不断地审视自己的设想、方案和行为，设计解决方案，建立原型，创建模型，提出想法，学会与他人合作，负责任地判断和决策，并用知识和理解去解决这些实际问题和挑战。

在这种环境中，批判性思维、问题解决的能力、创新思维、协作和创造力是被高度重视的技能。这些技能和能力恰恰是学生在迎接未来世界挑战时所必需的，因而与其说学生是在学习，还不如说正在为进入成人世界和工作场所做好准备。

为什么与现实世界联系很重要？知识不能孤立地成长。事实上，知识只有在应用到课堂外的现实时，才对学生有用或有意义。联系允许学生利用过去的知识领域来理解和建构新的知识，联系允许学生解决问题，获得关键的知识、技能和理解，因为项目化学习是真实的和动态的。

在真实的项目化学习过程中，重要的不是孩子从中学习了多少知识和技能，而是在学习中，将多少知识和技能应用到生活世界、解决真实的问题。因为学生获得的不仅是知识，还有对于人类和社会的责任以及悲悯之心，还有那些走出校园永远不会遗忘和消失的能力。

或许我们可以这样说，"真实的"项目化学习折射的是教育的本质，将学生的视线不断引向校外，极力拓宽学生的视野，在现实世界中培养他们的社会责任感及面对未来挑战的关键能力。

第 3 章

课堂新视角：
塑造创新的教学

凡是教师能够讲述的、能够传授的知识，多半是死的、凝固的、无用的，只有学生自己发现、探究的知识，才是活的、有用的，也是记忆犹新的。

——人本主义教育家　罗杰斯

创造力不是一种行动，而是一种思维方式

未来的时代，我们的世界将继续以指数级增长的速度发生变化：今天的学生将从事我们还没有想到的职业，我们将致力于解决世界上层出不穷且日益复杂、具有挑战性的问题，所有的行业都在推进技术进步。因此，我们有责任培养下一代创造性思维和解决问题的能力。

一、是什么在阻碍学生创造力的发展

创新驱动发展，几乎没有人会否定这一观点。创新在推动产业变革、经济繁荣和社会发展中起到决定性作用，而决定创新发展的关键是社会的创造力，尤其是今天坐在教室里的未来一代的创造力。

第一个假设是将学习简化为事实知识以及如何解决问题的程序性知识的获得。事实知识是如"地球公转轨道是非常接近正圆的椭圆，平均角速度是每年360度"这样的陈述。程序性知识是一步一步的指示和步骤，如根据指令亦步亦趋地完成某项实验。第二个有问题的假设是，学校教育的目标是让这些事实和程序进入学生的头脑。人们拥有大量这些事实和程序时，就是受过教育的。

指导传统学习环境的第三个假设是，教师是知识的权威，他们的工作是将这些事实和程序传递给学生。第四个假设是，学习的流程是从容易到繁难，从单一到复杂。学生首先应该学习简单的事实和程序，然后是逐步复杂的事实和程序。简单和复杂的定义以及对材料的正确排序，要么由教师、教科书

编写者决定，要么由数学家、科学家或历史学家这样的专业成年人写就，而不是通过研究儿童实际学习的方式来决定。非创造性学习环境的最后一个假设是，决定学校教育成功的方法是测试学生，看看他们获得了多少事实和程序性知识，即采用标准化测试。

知识经济时代正在重新定义学习的概念和范畴，事实性和程序性的知识已无法适应时代的变化。只有人们知道要在哪种情况下应用事实知识和程序性知识，以及能够在每一种新的情况应用时不断调整和适时调整时，知识才是有用的。仅仅是满腹经纶、学富五车的孩子在日新月异、变化莫测的世界前通常是束手无策的，他们所需要的是创造性地发现问题和解决问题的能力。

二、有效的创造力培养孕育于学校系统

许多人可能直觉地假设或主张：创造力的培养是允许学习者完全自由地通过学科知识即兴创造或者表达自己的想法。事实恰恰相反，创造力的培养是在一定框架或者引导下的学习和习得。学校是复杂的专业组织和机构，具有许多结构和限制。这些结构起着重要的作用，不能简单地放弃。著名的英国教育家鲁宾孙曾提到将创造力融入教育系统的必要性，世界上许多国家和地区也纷纷将创造力以单一的维度纳入核心素养培养及课程改革的范畴。

有效的创造性学习是指教师和学生在一定的框架中相互协作、即时实践。但是，这种自下而上的过程必须由至少4个自上而下的结构来有效地指导：课程、评估、学习目标和教师实践。在今天许多学校里，这些自上而下的结构过于拘束和僵硬，无法为创造力表现提供广袤的空间。然而，有效的学习环境总是需要课程、评估、学习目标和教师实践元素的。

为了造就学生更强的创造力，4种自上而下的学校结构需要植入创造力：课程应为创造性探究过程可能产生的多种学习轨迹提供机会；评估应纳入并激励创造性学习所产生的更深层次的概念理解，并应考虑学习顺序和结果的潜在差异；学习目标应明确将创造性学习纳入进来，学校应确保预期的学习

成果不强调广度而强调深度；教师专业发展应以创造性研究和内容领域的研究为基础，如科学教育研究，即探索"脚手架"在创造性学习不可预测过程中的适当作用。

建构主义研究表明，学习者的发现和探索以教师设置的支架式结构为指导时，才是最有效的学习。怎样才能导致最有效的创造性学习？回答这个问题需要在内容领域进行大量的研究，合适的支架将随着内容知识的性质和学习者的水平而变化。学习过程中的问题引导、探究开展、情感支持、合作结构、交流方式都需要教师在真实的场景中提供有效的支持。

从本质来说，创造力是学生深度学习的结果。学生要能够创造，必须建立系统化的知识网络，并对知识和概念产生深层次的理解，为他们超越和建立新的知识做好准备。他们必须参与知识的创造性活动：发现和提出好的问题，收集相关的信息，提出新的解决方案和假设，以及使用特定领域的技能来表达这些想法并使其成为现实。他们对学习共同体具有强烈的归属感，并始终以自我导向的方式迎接学业的挑战。显然，创造力是深度学习领域里认知维度、人际维度和自我维度三者深度互动、高度契合的产物。

三、创造力并不代表非凡的智力和天赋

我们谈起达·芬奇、爱迪生、爱因斯坦等具有非凡创造力的人时，通常会用天赋异禀、天资聪慧等来评价他们，但是很少会想到与创造力有关的态度、心态、品格等非认知能力。在过去数十年里，出现了一门新的创造力科学——神经科学，正在改变以前人们持有的关于创造力的概念，同时包括这样一个事实：创造力不仅仅涉及大脑的认知能力。科学家一致认为，创造力的定义必须超越狭隘的认知，脱离传统观念的桎梏。创造力部分包括但不限于原创、自我表达、冒险、智力、自主性、协作和想象力。

美国俄亥俄州阿什兰大学教授简·皮尔托的研究表明，有创造力的人通常具有5种核心态度：自律、对经验的开放、冒险、歧义容忍度和信任。创

造力与心态、意义和内在动机之间有着显著的联系。培养和发展学生创造力的关键方法之一是重申学习过程是永无止境的，在此过程中容忍模棱两可的表述、重新定义旧问题、寻找新问题、承担合理的风险以及追随内心的激情。

创造力的主体并不局限于具有非凡智力或天赋的人，创造力的产物也不限于重大发明。创造力处处可以发挥，人人可以拥有。例如，制作一份新的食谱，通过自我独特的表达形式传递强有力的想法，或者找到更好的方法来达到预期的结果。相比大咖们的宏大创造，这些"迷你"创造更显得宝贵，表明一个人的生活被创造性思想和行动深深嵌入。

四、创造力的关键不是"传授"，而是"培育"

创造力培养的关键不是"传授"创造力，而是提供肥沃的土壤环境，让学生的创造力扎根、成长和繁荣。宽容的课堂环境可以确保所有学生都有安全和平等的学习机会，同样地，促进创造力发展的环境可以帮助所有的学生成为最具创造性的自我。

事实上，很多较好的创造力发展经历都发生在参与动手制作的时候，但这并不意味着我们应该把所有的注意力放在创造出来的东西上，更重要的是动手实践的过程。学生们在探究实践时，要突出这个过程，而不仅仅是最后的产品。询问学生的策略和灵感来源，鼓励实验，奖励失败的和成功的实验——有效的失败通常比肤浅的成功有用得多。

《培养学生的创造力》一书的作者巴格托，对学校创造力培养提出了建议，启发我们如何重新培养学生的创造力。他建议重新思考成功的公式，从"学校的成功＝做预期的事情"到"在教育中的创造性创造＝满足预定的标准×使用意想不到的方法"。他还建议教师分享自己最喜欢的"失败"，并通过创造性的表达来帮助学生克服挫折，挖掘和珍惜"失败"的价值。与此同时，他认为要建立一种不可动摇的可能性思维意识，即教师的责任是帮助学生想象，他们如何能从当前的方式转变为他们可能的样子，然后继续前进，并掌握这种情况发生的主导权。

　　宽容的课堂要允许学生失败，我们可以建立这样的信念：错误是受欢迎的，是学习的机会，抛弃不正确的知识和理解是受鼓励的。宽容的课堂培育发散性思维，学生探索多种可能的解决方案，产生尽可能多的、关于一个主题的不同想法。灵活性是至关重要的，是为了培养学生提出不同解决方案和独特想法的能力。鼓励学生在他们第一个创意不起作用时继续他们的探索之旅，寻找替代方案，尝试，再尝试，直到最后成功。这不仅有助于诱发创意，还会使学生在独立解决问题时更有弹性和信心。

　　我们有理由相信，创造力不仅是一种行动，而且是一种思维方式。你在学习中以不同的方式去思考现有的概念时，会发现它似乎与我们所做的每件事都是不可分割的。即使我们的创造力没有任何"结果"，但它仍然是一种对学习、思考甚至生活有益的方法。

　　　　　　　　　　　　　　　原文载于2022年1月5日《文汇报》，有修改。

哈蒂排名：哪些是教学中最有影响力的因素

　　什么是影响学生学习成绩最重要的因素？哪些教学实践最能促进学生的学业发展？如何改进我们的课堂教学？众多教育改革者和工作者一直孜孜以求类似问题的答案。

　　澳大利亚墨尔本大学教育研究所主任约翰·哈蒂教授运用元分析的统计技术，耗时15年，对20世纪80年代至21世纪初约2.46亿的儿童进行了教育实证研究，并对138项因素按照影响力进行排名。这就是国际著名的"哈蒂排名"，以实证研究和直观数据的方式回答了人们的困惑。

一、什么是哈蒂排名

　　一直以来，教育实验和教育改革波澜壮阔，教学实践和尝试层出不穷。然而，课堂教学并未发生根本变革，依然是改革最难触及的"堡垒"。其原因首先是世界的教育并未真正实现共享，有效的实践有时只在零星或局部的课堂发生；其次是缺乏系统、有效和客观的研究证明实践的有效性，而且类似的教学实践也很少进行大范围的分析比较和变量关联。

　　哈蒂和他的团队从20世纪开始研究"究竟哪些因素影响了学生的学业成就，影响学业成就的哪些因素最有效"。他们对52.637项研究、数亿名学生的800多项元分析进行综合。所谓元分析，就是先收集主题相同的现有研究，将不同研究的效应量以统计方法结合起来，再将每项研究的结果运算为统一的效应量，以分析两个变量间真实的相关关系。元分析方法综合了各项独立研究和实践的成果，具有客观性、普遍性和可靠性，能够有力地说明某一种教学实践的有效性。

哈蒂和他的团队从大量研究和变量中提取了138个影响学业成就的因素及其效应量。这些因素又被归入学生、家庭、学校、教师、课程和教学六大领域，分别加以比较、阐释和总结。结果发现，教师的影响效应量高达0.49，学校系统则最低，只有0.23。它们清晰地向我们传达了这样的信息："教师的力量最强大。"

在研究的基础上，哈蒂陆续出版了以"可见的学习"为主题的系列著作，如《可见的学习——对800多项关于学业成就的元分析的综合报告》《可见的学习——最大限度地促进学习》等。这些著作聚焦"可见的学习"，从教师教学行为和理念、实践效应、实践案例、元分析报告等方面，全景式地展示了研究成果和实践行动。

哈蒂此项研究不仅揭示了教育教学改革和实践的密码、效应，还犹如轮毂一样将众多的教学方法和策略联结起来，从横向上进行比较分析。可以这么说，此项研究是教学策略和方法研究的百科全书。著名的教育家迈克尔·富兰高度评价《可见的学习——最大限度地促进学习》一书，认为这是一本梳理和分类教学策略有效性的著作，对那些想改善教和学之人来说，这是一本必读之书。

二、哪些是教学中最有影响力的因素

在800多项元分析中，哈蒂提炼了138个常见的、可操作的影响因素，并将它们按照影响力和效应量进行了排名。排在前10名的依次是自评成绩、"皮亚杰项目"、形成性评价、微格教学、加速学习、课堂教学行为管理、针对有学习障碍学生的综合干预、教师课堂表达清晰度、交互式教学法和反馈。由于篇幅有限，在此介绍名列前三的因素。

（一）自评成绩

令人诧异的是，排在哈蒂排名榜首的是"自评成绩"，其效应量高达1.4

（138项因素平均量为0.4）。其实施方法为：在学生考试或者活动之前，教师让他们预测将得到怎样的分数。学生为自己设定现实的目标时，就想实现这些目标，从而树立起他们的信心。哈蒂还将这种学习策略命名为"学生期望"，更清楚地表达了这种策略包括学生对自己期望、教师发现学生的期望并促使学习者超越这些期望。一旦学生的表现超出了自己的期望，他们就会对自己的学习能力产生信心。

测试或活动后，学生会获得他们的实际测试结果，并将预测成绩与测试结果进行比较，从而反思并分析预期成绩和实际成绩之间的差异。这些信息不仅能让学生了解他们是否达到了特定评估中的目标，还为他们提供了持续监控掌握目标进展的机会。

教师与学生之间的互相反馈在对照目标的绩效评估中至关重要。学生没有达到他们的目标，教师要提供描述性的指导，如他们需要做什么，以达到这些目标。反之，学生必须向教师提供反馈，使教师获得可以帮助他们实现目标的内容和方式。自评成绩教学实践能充分激发学生的学习动机，在教师的"教"和学生的"学"之间建立起牢固且宽广的桥梁。

教师可以通过以下的问题获取反馈，并驱动学生迎接挑战：你对自己的学习满意吗？你对自己展示的知识和技能感到满意吗？你的工作与评估量表上的期望值相比如何？你对任务的哪些部分最满意？你在这项任务上的工作与你的学习有多密切的关系？你所使用的策略是否有效地帮助你达成了目标？从1到10分，你如何评价自己的努力？如果你再做一遍，会怎么改进呢？

（二）"皮亚杰项目"

"皮亚杰项目"是以皮亚杰的认知发展理论和儿童学习阶段划分为指导的教学实践。皮亚杰认知理论将人的学习分成4个阶段。

第一个阶段是0～2岁的感觉运动阶段，婴儿通过基本的感官（包括视觉、听觉和触觉）学习，并通过协调这些经验与身体、运动动作来建构对世界的理解。到了2～7岁的前运算阶段，儿童能够理解基本概念和符号，但尚未理解具体逻辑，无法在心理上控制信息。到了7～12岁的具体运算阶段，儿童开始以更有逻辑性的方式解决问题，但抽象的假设性思维尚未形成。最后是12岁以上的后运算阶段，儿童和青少年能发展抽象思维，能够进行假设和演绎推理。

例如，2～7岁的孩子主要通过想象游戏来学习。在教5岁的孩子计数时，孩子可能会被要求给玩具兔喂"胡萝卜"，并在喂的过程中学数数。一旦孩子掌握了，教师可能会转向更抽象的活动，比如，并不需要创造兔子的情景和游戏，而是直接数"代币"。

皮亚杰的认知理论告诉我们，学生的思维方式以及思维特点受制于其不同的认知发展阶段。因此，我们在实施教学时要遵循学生的认知规律和特点，并接受学生发展过程中的个体差异。教学要关注儿童的思维过程，而不仅仅是其产物和结果，并发挥儿童主动、积极参与学习的关键作用，从而更有效地落实教学目标。

（三）形成性评价

形成性评价是基于学习、来自学习和为了学习的评价，指在学习过程之前或过程中用来评估学习进度的所有活动。它们通常是不分等级和非正式的。形成性评价的目的是，为学生和教师提供衡量学生当前理解和掌握水平的标准，并使教师能够相应地进行调整，以满足新出现的课堂需求。评价最重要的意图不是为了证明，而是为了改进。教师得到评价后，还应回答以下问题："我需要重新解释这个教学内容吗？""我需要再回到教学起点，让每个人都回到现在的位置吗？""我需要改变我的教学方法来吸引学生吗？"

在课堂教学中，形成性评价和反馈如影相随，总是联系在一起。其原因是两者特点相似，相互关联。无论是形成性评价还是反馈，应该是经常的，让学生清楚地了解他们的进步和可以如何改进，并获得鼓励。相当多的反馈策略和方法本身就是形成性评价的方法，反馈的结果就是形成性评价的依据。

与总结性评价不同，形成性评价的形式丰富多样，如家庭作业、小测验、报告、论文、案例分析、表演、调查等，甚至师生、生生间的交流对话，或者是一张小纸条，而不仅仅是一次考试的分数。显而易见，形成性评价可以用来衡量学生每天的学习情况，显示学生在学习中的收获，并用于指导下一步的教学。

三、让我们的教学装上"镜子"

"以学习者为中心"是21世纪以来世界各国教学改革追求的理念之一。在传统的视野中，很多教师讲究和追求教的方法、技巧及艺术，然而很少关注学生的"学"，很少研究学生的学习过程，很少评估自己的课堂里学习到底发生了没有。简而言之，课堂教学的"黑箱"很少被打开，教学效应量缺失关注和研究，学生的思维和行为没有被解密。

哈蒂和团队将其系列研究著作聚焦在"可见的学习"的主题，其中蕴含着丰富而深刻的意义。"可见"指的是让学生的"学"对教师可见，确保教师能够分析出对学生学习产生显著作用的因素；"可见"也指的是教学对学生可见，从而使学生学会成为自己的教师，正如哈蒂所说，"这是终身学习或者自我调节的核心属性"。说到"可见"，我们可以想象一下芭蕾舞训练室的场景：在芭蕾舞训练室里，四壁通常装有顶天立地的镜子，目的是让训练者能够随时随地看到自己训练的效果。这绝对不是为了自我欣赏，而是让学生在训练的过程中观察自己跳舞的姿势，时刻识别自己的优势和劣势及需要努力的目标。在镜子前，学生可以看到自我，教师可以看到学生。在教育的场景下，"镜子"是评估，是反馈，是辨析对学生产生显著作用因素的金钥匙。

教师的角色也发生了变化，必须以一种强有力的角色介入学生的学习过程。教师必须根据学生的实际情况采取不同的教学策略，同时能够快速地识别发生在课堂中的教与学行为间的因果关系，获取教学对学习影响力的证据，并基于此持续不断地改进教学。

课堂教学是教师责任逐步"释放"的过程

　　课堂上既要发挥学生的主体地位，还要充分发挥教师的主导作用。这个观点经过几轮课程改革的洗礼，已经逐步得到一线教师的认可，成为基本的教学原则。然而，这句话离真正落实到课堂中尚有很大的距离。重要的原因之一是，我们无法把握学生的"主体地位"和教师的"主导作用"中的两个"主"之间的关系。

　　在课堂上，我们经常可以看到这样的教学流程：教师提出新知或提出问题，引导学生回应或回答，之后练习巩固或反馈。还有一种情况是，一堂课上教师提出问题，个别学生回应，然后教师引导，肯定学生的表现或指出错误，最终引导学生得出教师想要的答案。这样的课堂始终基于教学设计进行，始终波澜不惊。通常我们将这种模式称为SRA，即教师刺激学生（Stimulate），学生回应（Response），然后教师评价（Appraisal）。

　　但是，需要我们警醒的是，这样的课堂貌似完成了教学任务，教师走完了所有的教学步骤，学生亦步亦趋地跟着教师的思路，最终教师也得到了想要的答案或结果。然而，学生是否真正理解了教学内容？是否能够有效应用所学的知识？课堂是否真正达成了教学目标？在实际教学中，教师通常会将教师的"主导作用"置于学生的"主体地位"之上，教师潜意识里认为控制自己比控制他人更容易，更具安全感，通常将自己的"主导作用"发挥得淋漓尽致，而缺乏对学生学习过程和学习结果的关注。

　　出现这样的现象，是因为教师存在着这样的误区：只要把教学内容讲完了，就完成了教学任务；只要是教师讲的，学生都能懂；课堂上只要有学生举手，就代表所有学生都掌握了。如果教师存在这样的误区，那么会导致以下这些现象：他只会关注自己的"教"，而忽略学生的"学"；只关注接受能力好的学生，而忽略接受能力差的学生；只关注正确答案，而忽略学生学习过程中反映出来的错误。

有效的课堂，应该是在尊重学生主体地位的前提下，教师主导作用积极发挥。这一过程应该是教师责任逐步释放的过程，此过程被称为GRR模式（Gradual Release of Responsibility）。这一教学模式是由课程设计专家、美国圣地亚哥州立大学教育学院教授弗雷和费希尔于2008年设计，并逐渐成形完善的。

这种模式通过支架式教学框架来转移认知负荷，要求从教师承担"完成一项任务的全部责任转变为学生承担所有的责任"，有效地实现了从教师主导到学生主导的转换，调动了师生双方的积极性，实现了教师和学生身份的完美切换，形成了高效、合理的教学方式。

当然，这种逐渐的释放不仅仅发生在一节课上，还有可能发生在一天、一周、一个月或一年内。从另一个角度来说，责任的逐步释放强调教师指导学生成为有能力的思考者和学习者。培养独立的、终身的、负责任的学习者是教育的真正目标和任务。

GRR模式由教师示范、教师指导、同伴协作与独立表现4个部分组成。教师示范主要体现为，教师为学生展示他对内容的思考和理解，将自己拥有的"专家知识"呈现或演示出来，或为学生提供学习目的以及建立、激活背景知识的机会。教师的示范是责任承担的体现，也是为学生学习搭建教学"支架"的过程。这些教学"支架"包括提问、提示、线索、解释、演示。这一环节并不完全是教师的任务，或是简单地陈述课本知识，而是重在阐明学习任务、探究主题、认知过程或元认知思维过程。这是教师通过"解说、示范、有声思考"等形式外化思考过程。

教师指导是此模式的第二个环节，也是认知负荷和课堂责任转移至学生的关键。这是从教师一个人做（I do it）过渡到教师和学生一起做（We do it）的过程，如同刚学着走路的孩子，父母用手护着他一起慢慢走。此时是学生展示认识和反馈理解、应用实践的第一步。教师的指导是暂时、可变、有回应的，教师在课堂上要始终头脑清晰，认真倾听学生课上的描述与回答，观看学生的表现，决定如何回复及怎样最好地搭建"脚手架"，帮助学生释疑解惑。

此时最需要教师的教育智慧，教师需要对学生的表现做出相应反应，并在教学中做出及时调整。教师不仅需要检查学生对问题的理解，还要发现学生错误的或不正确的认知过程，从而引导学生正确地理解、认知和应用。

师生协同完成任务后是合作学习阶段（You do it together）。为了巩固学生对内容的理解，学生需要与同伴一起解决问题、讨论、协商和思考。协作学习的机会确保了学生实践和应用他们的学习，同时与同伴互动、协商、讨论。合作学习促使学生展开指向问题中心的思考，加深学生对新知的挖掘。该阶段是责任转化的深化阶段。

小组合作目前已经成为教学环节中不可或缺的部分。然而，很多时候，合作型任务常常发生在教学的最后，而不是发生在教学过程之中。合作应该基于教学的需要，自然地发生在学习的整个过程中。合作型教学还有一个常见的问题是学生通常"合而不作"，原因是，教师没有提供小组合作的"脚手架"，如从来没有教会学生如何讨论、合作、记录等，未能设计责任共担型的合作方法，如圆桌会议、切块拼接法、交互式教学等。

最后一个阶段是学生独立表现阶段（You do it alone）。在此阶段，学生开始独立地在特定场景中运用技巧开展学习、解决问题。这也是课堂教学的最终目的。在逐步承担学习责任的过程中，学生提升自主学习能力，成为更加独立的学习者。作为我们所有教学的目标，自主学习为学生提供以新方式应用信息的实践。在这样做的过程中，学生运用综合信息巩固他们的理解，应用所学的知识在新的情景中培养学科素养。

重要的是，逐步释放责任的模式不是线性的。学生掌握技能、策略和标准时，会在阶段之间来回移动。教学不能用固定的程序去固化，通常是在教师的"教"与学生的"学"之间找到平衡，使得学生的学习变得"可见"，使得学习之旅成为探索之旅。

课堂提问好不好，先问自己能否做到这五点

在讨论"问题"这个话题前，我们先打个比方。课堂上的问题就像落在水面的石头，一块石头激起的涟漪越多、越广，说明其力量就越大。如果问题越能激发学生思考，促进他们深度学习，那么这个问题就越有效。提出"有力的问题"需要教师注重策略性和针对性。策略化的提问有助于学生加深对学习的理解，建构积极的学习思维，助力学习成为自我管理和调控思考的过程。

教师重要的任务之一是设计和提出问题。有经验的教师知道问题是通向学生思维的大门，因此他们不是仅仅提出问题，而是有意识地设计和提出适合每个学习目标的问题——带来学习特定教学内容的问题。

例如，学生开始学习某个单元时，他们会问激发学生兴趣的问题。学生开始探究某个主题活动时，教师应该提问分析性的问题。组织学生讨论时，教师应该提出开放性的问题。为了培养学生的问题解决能力，教师应该提出能够吸引学生注意的问题。要提出高质量的课堂问题，教师应注意以下五个方面。

一、你使用基于不同认知水平的问题吗？

布卢姆教育目标分类学提出了学习者参与和投入的多种认知水平，从记忆、理解、应用、分析、评价，一直到创造。在过去一个阶段里，新分类法不断完善和阐述布卢姆分类学的框架。它们是教师设计问题时有益的指导和

资源，驱动学生进行复杂水平的认知活动。

所有认知水平都是重要的，问题是教师在设计时，如何灵活、综合地使用各层次的问题，促进学生的深度理解和学习。

以下是教师围绕布卢姆教育目标分类学进行的三个水平的结构化问题设计：

水平1：信息的输出。此水平的问题需要学生知识的回忆和过程的简单应用，如举例、背诵、说出名字、计算、定义和识别等。例如，陈述1906年美国旧金山地震所造成的破坏。

水平2：信息的处理。此水平的问题需要学生合成、找到模式、赋予收集的信息意义。此思考须超越简单的思维认知，如比较、组织、总结、排序、分析和估测。例如，今天的旧金山与1906年大地震时代的旧金山，有何异同？

水平3：概念的输出。此水平的问题需要学生思考得更加立体、综合和深奥——分析来自多处的知识或信息，从一个领域生成和转化到另一个领域，从而解决问题，在全新和创新的领域应用他们所综合的知识。任务包括预测、应用、创造、评价。例如，基于对1906年旧金山大地震的学习和当前建筑结构的分析，你如何建议旧金山市政委员会改进地震安全标准？

二、你的问题包含积极的期待吗？

语言无小事，我们所说的每一句话都蕴含着强烈的信息和暗示，听者可以从中解读、分析和感悟。这些信息的指向也许是积极的，也可能是消极的。

例如，"你曾想到过唐尼会对这个项目有贡献吗？"这个问题值得注意的是：从潜在的假设中，名叫唐尼的学生也许对项目并没有付出很多，或者此项目对学生来说，也许太难。

还有消极指向的问题"你又忘了你的任务？""你认为别人会发现你的想法有趣？""好的，我给你简单的字谜，然后你就能成功地完成。"

与此相反，教师显然需要提出包含积极期待的问题，使学生具有自尊、效能感和成长性思维。

（1）对于此项目，你的头脑里形成了哪些目标？制订完成任务的计划时，你需要哪些材料？（此问题假设学生在脑海里已经形成了多种目标、行动计划且具有自我管理的能力。）

（2）从此项目的研究和实践中，你为今后项目的实践积累了哪些观点、想法？（此问题假设学生具有洞察力，能从项目中汲取和收获很多观点、经验，并有能力将这些观点和经验用在以后的任务或项目中。）

教师比较和分析这两种类型的问题时，想想每一种问题如何影响学生的发展性思维和自我意识。教师的责任是杜绝消极的问题，生成积极的问题。

三、你的问题能帮助学生培养思维习惯吗？

好的问题不仅帮助学生在特定的学习任务里获得成功，而且帮助他们养成在学习中需要坚持和成就成功的性格、思维。以下16种品格就是所谓的思维习惯，是人们具有理性、做出明智行为时所展现出来的品质。

（1）坚韧；

（2）清晰并严谨地思考；

（3）控制冲动；

（4）多感官地收集信息、资讯和资源；

（5）带着同理心和理解倾听；

（6）具有创造力、想象力和创新力；

（7）具有灵活性和变通性；

（8）能怀着敬畏回应他人；

（9）能管理自己的思维，具有元认知能力；

（10）合理并负责任地参与冒险；

（11）追求卓越；

（12）追寻幽默；

（13）提出问题或质疑；

（14）具有综合性思维，能整体考虑和设计；

（15）将已有的知识用于解决新的问题；

（16）开放，愿意接受新事物。

教师在设计或提出新问题时，要不失时机地引导学生深入理解学习任务或知识，更重要的是还要帮助学生养成良好的思维方式。

如果要帮助学生具有灵活和变通的思维方式，应该提出答案不唯一的开放性问题，如"还有什么更好的办法？""在你大脑里有什么想法可以解释？"等。

如果要帮助学生养成坚韧的习惯，教师应该问："阅读时，你的思想开了小差，却想要继续读下去，该怎么办？"

如果要鼓励学生怀着敬畏和尊重回应他人，教师应问："你汇报田野考察的收获时，什么激起了你继续想探索的好奇心？"

四、你的问题指向反馈吗？

杜威认为，"我们并不是从经历中获得，而是从经历的反馈中获得"。反馈远比记忆来得重要。反馈不仅从过去的学习经历中提炼和利用，还将知识用于新的情景或解决新的问题。因此鼓励学生具有反馈力是帮助他们培养学习、策略和自我管理思维等元认知能力的重要方法。请仔细想想以下问题的力量所在：

（1）假如你找到了自己的学习风格，你发现自己处于障碍重重的学习场景中，你会做些什么？

（2）进行小组学习或合作时，你会使用哪些元认知策略管理或调控自己的倾听技能？

（3）如何使你的产品或结果更精确或完善？

（4）整体思考是如何帮助你完成任务的？

（5）除了校园，你还可以整合哪些资源用于你的任务？

（6）阅读时，你的大脑里会浮现什么？你如何调控对故事的理解？

（7）你在思考或反思某个问题的解决时，会生成哪些新的观点？

（8）你的小组陷入困境时，你如何反应？你的反应怎样帮助你解决问题？

（9）你的小组是如何选定角色的？

注意，所有这些问题驱动学生审思他们的学习过程，即他们的问题解决、决策及创新思维。如果在课堂上频繁使用这些问题，教师能够帮助学生将内化思维的方式潜意识地应用在学习任务中。

五、你提出长程型的问题了吗？

一份对初中和高中生的调查显示，他们在课堂上所面对的问题常常是不同的。初中学生说，老师经常要求他们告诉老师学到了什么。但在高中，教师会问在学习之后，有什么新的问题产生了。学生们意识到单元学习的结束并不是探究和学习的结束。

很多教师会问"宏大"的问题，就像一把巨大的雨伞，覆盖了一个学年的学习。这些问题也许人类还没有解决，或者答案总是处于不断地完善和创新之中，例如以下几个问题：

（1）美德（公平、平等和美）的属性是什么？

（2）真理是什么？我们如何发现？

（3）真的有"好"的战争吗？

（4）在现实中，什么是真正的问题？

这些问题十分大众化，能够激发所有学科、所有年龄段的学生的想象力，催生他们的哲学思考。例如，在引导学生关注公平的属性时，低龄学生可以探索，有人可以玩游戏而有人不行，是否公平。而高中生可以考虑有关"偏见"的话题，并完成从全球视野考虑的项目化学习，探索偏见的含义。

前面所说的"提出问题或质疑"是学生所必备的16种思维方式之一，本文讨论的是教师如何在问题的设计和使用中变得更加有技巧和针对性，最终帮助学生成为高水平的提问者和质疑者。模仿是人类学习的第一步，提问也同样如此。很多学生善于提问、勇于质疑，因为教师会提问、用他们的亲身示范引导学生。通过教师高水平的、有策略的提问，学生的思维不断走向深处。因此要教会学生提问，教师是第一步，是关键！

逆向设计：从"知识教学"走向"素养教学"

如何从关注教师的"教"转向学生的"学"？如何从知识教学迈向素养教学？如何从传统教学走向现代教学？当今课堂教学改革正在围绕着这些问题展开。美国教育学者威金斯和迈克泰格的逆向设计理论为解决这些问题提供了很好的借鉴和思路。

一、用结果来组织学习

逆向设计的核心是"以终为始"，是"一种先确定学习的预期结果，再明确预期结果达到的证据，最后设计教学活动以发现证据的教学设计模式"。教师在教学设计时，首先要确定预期结果，也就是学生在学习后达成的标准和目标。

值得借鉴的是，它将仿佛"高不可攀"的课程标准转化为基于大问题、大概念、关键问题、持久的理解等一系列方法和支架，促进教师洞察知识的形成过程，促进教师将课程标准转化为课堂教学行为，从而提升教师课堂教学设计的能力。逆向设计的培养目标是理解和应用所学知识的能力——在真实的生活情景中恰当地连接、理解和使用离散的知识和技能，也就是如今强调的"素养"。

逆向设计关注基于学习预期结果的证据设计。这是一种变革式和颠覆式的设计思路，是与传统教学设计相区别之处。传统的教学设计通常是先考虑教学，然后再设计评价。然而，学习证据的提出，引导教师在教学设计时考虑设计什么样的评估依据，哪些证据能够证明学生的理解和掌握程度，明确学生学习是否已经达到预期结果。教师不仅是课堂教学的设计者，还是学生学习的评价者，应搜集能证明理解的证据并考虑评价的方法。

教师必须根据想要收集的学习证据来思考和设计教学，而不是根据内容和活动来思考课程。教学过程中教师应该一直在回答"我要带领学生去哪里？我的学生到达哪里了？下一步怎么办？"3个问题。这样的教学是以学习为目的徐徐展开的，又以学习为结果慢慢聚合。

二、用任务来设计评价

在逆向设计中，学习证据、学习任务和学习评价被紧密联系在一起。换句话说，教师通过学习任务检验学生是否正在学习、学习是否正在发生，从而评估学习和评价学生。这项任务并不是完成一次测试或者背诵事实或概念，而是完成一件事情。评价也不是依赖分数或对错，而是设计量规评价，给予全面评估。

学习任务是由形成性任务和总结性任务组成的，并贯穿整个学习过程。形成性任务是为了对学习过程进行评估，为学生提供指导，帮助他们为完成最终任务做准备。总结性任务代表的是一项总结性的评估，代表学生在一段教学结束时所知道和能做的事情。形成性任务和总结性任务的结合，有效解决了发展性评价和形成性评价的问题。逆向设计明确将评估置于教与学的中心地位，认为评价不是教学的事后行为，而是教学的中心点。

所谓的任务，其实就是学生用所学的知识来完成一件事，建构生活和学习的经验。此任务的界定，超越了以往我们通常将教学聚焦于活动参与和知识灌输的传统做法。这些传统做法较少考虑学生的主体地位，也很少涉及学生知情意的统一，忽视了学生生活和学习经验的塑造。

学习任务在教学中起到了承上启下的作用，上"承"课程标准，下"启"课堂教学。一旦学习证据和任务设计好了，教师就知道如何检验学生的学习效果，收集学习证据，并在学习任务的框架下设计课堂教学。如此，教学目标、教学实施和教学评价能始终保持一致，从而确保学习真实发生。

三、用理解来定义学习

在一堂知识高效传递的课堂里，学生似乎对于知识知道得很多，对内容的理解很深入，应用很扎实。但是当他们离开课堂，尝试作业或任务时，却不知道如何做。苏霍姆林斯基曾说过："著名的德国数学家F.克莱因把中学生比作一门炮，10年中往里装知识，然后发射。发射后，炮膛里就空空荡荡，一无所有了。我观察被迫死记那种并不理解、不能在意识中引起鲜明概念、形象和联想的知识的孩子的脑力劳动，就想起了这愁人的戏言。用记忆替代思考，用背诵替代对现象本质的清晰理解和观察——是一大陋习，能使孩子变得迟钝，到头来会使他丧失学习的愿望。"他的这段话形象地讲出了这种现象背后的原因，学习被降级为记忆和背诵，而不是深刻地理解和应用。

威金斯和迈克泰格将他们的书取名为"追求理解的教学设计"，旗帜鲜明地将课堂教学的目标定义为"追求理解"，学生对知识的理解是课堂教学的最大目标。与此同时，他们对"理解"在概念上和实践上进行了深入的阐述和解释，概括和界定为解释、阐明、应用、洞察、深入、自知6个侧面，深入到情感和元认知层面，进一步揭示了理解的复杂性和情境性。

逆向设计"理解"的关键和精髓是"建立知识间联系，并将知识迁移到新的环境和挑战中，而不仅仅是知识的回忆和再现，并融入情感、认知、态度和价值"。这与当前我们正在推进"适应终身发展和社会发展需要的必备品格、关键能力和价值观"的学生核心素养培养体系是高度一致和吻合的。

原文载于2020年9月25日《中国教师报》，有修改。

教学反馈：让学生的学习可见

教学反馈是课堂教学的一个关键要素。教学反馈并不是具体的一种教学方法，而是保障学生持续学习、学习真实发生和评估有效真切的重要手段。

一、从游戏的角度理解反馈

要理解反馈的重要性并不难，我们可以从游戏的视角来洞悉和反思。现实生活中，不少学生喜欢游戏，原因是游戏设计和工作的独特机制。无论是《愤怒的小鸟》《光环》还是《吉他英雄》《俄罗斯方块》，游戏里面都有丰富的及时反馈机制。玩家在游戏过程中总会得到及时和持续的反馈，获得恰当的评价。玩家失败时，可以立即重新开始，有时甚至在玩家离开的地方重新开始，获得从反馈和评估中学习的机会。因而，游戏是否吸引人的关键是反馈是否及时和持续。

在这儿讨论分析游戏的案例，并不是鼓励学生一味地玩游戏，而是从中获取对教育和教学的思考。然而，传统的教育却是另外一番景象。教师在课堂上拒绝"失败"的出现，一旦出现"失误"，总觉得尴尬和难堪。教师追求的是一气呵成、行云流水的教学，希望看到的是完美的课堂，很少将课堂反馈和学生的错误作为促进学习深度发生的"支点"。这样的课堂忽视了学生学习是否真实发生，以及学生的认知和情感是否真正得以提高。

再如，学生们在刚刚进入小学时成绩不错，到了小学三年级时开始了第一次分化。升入小学高年级、初中、高中后，部分学生会出现不及格的现象。北京师范大学何威老师曾说："那些不及格的学生从一年级到六年级得到的反馈是——不断学习却越学越差。事实上，他在高年级阶段掌握的知识和素养，比一年级时都有很大提高。"

课堂反馈不仅有助于学生学习，还能有助于教师的自身发展和成长。反馈有助于指导教师回答以下问题："我如何知道所需的学习已经发生？""为了更好地支持学生的学习，我如何对教学进行调整或修改？"这样的过程是教师对教学反复反刍和淬炼的过程，是将教与学不断串联和对接的过程，对教师的专业发展的作用显而易见。

《可见的学习》作者、墨尔本大学教授哈蒂和同伴研究发现了专家型教师的5个主要维度指标：专家型教师知识深厚，理解他们所教的学科；能够引导学生学到所需的表层和深层知识；能够成功地监控学习，并提供反馈以帮助学生取得进展；能够注意更多学习态度方面的因素；还能够提供其教学对学生学习产生积极作用的确凿证据。在这5个维度中，第二个和第五个与反馈密切关联，也就是说，专家型教师能依据对学生的了解来建构意义丰富的经验，并提供有意义的恰当反馈，从而使每一位学生都能够随着教学的推进而逐步进步。

二、有效反馈的特征

有效的反馈能使学生学得更快、更有效，然而，并非所有的反馈都是有帮助的，并非我们认为的反馈都是有效的反馈。有效反馈具有挑战性，应该具有以下几种特征。

（一）与目标相关

在课堂上，教师要始终清楚教学目标和学生成功的标准在教学中的引领作用，不但教学活动和教学反馈要体现教学目标，而且学生也必须理解教学目标，这样才会激发学生学习的动机。与目标有关的教学反馈能够提供具体的见解，以了解学生是否正在实现目标或需要改变课程，了解学生是否正确地朝着目标前进。

（二）具体和清晰的

有用的反馈提供了如何更好地朝着目标前进的清晰、具体的细节。学生可以据此改变结果。相比之下，模糊或基于定性的陈述，如"做得好"或"不正确"并不能帮助学生理解为什么他们做得好，或者他们应该做些什么来提高。使用直接或具体描述学生行为如何改变的语言，有助于学生确切地知道他们需要做些什么才能变得更好。

（三）及时性

有效的反馈应该是及时的，教师要在学生完成任务后尽快提供反馈。学生收到及时反馈时，他们对任务的反应和行为仍然记忆犹新，能够有时间采取行动并监督和调整自己的学习行为。这将产生最大的影响。"即时"的反馈，本质上能促进师生在课堂上的对话和交流，教师能从学生回答问题的方式和他们提出的问题中获得反馈，推动学习者前进。如果学生等待太久，教师才给出反馈，学生可能无法将反馈与行动联系起来。

（四）专注于学生的行为改进

反馈应该集中在行为上，体现为技能和能力，而不应该改变一个人的特征或个性。简单的分数通常没有提供改进的信息；类似"好""不好""有趣"的价值判断不会告诉学生下次可以做得更好；赞美或表扬听起来感觉不错，但是缺乏学生改进的信息和细节。真正的学习反馈是以提供学习效果为唯一目的的信息。反馈的最终目标是向学生提供"你能做得到"的态度。

（五）具有针对性

我们的教室里充满着各种各样的学习者，反馈应该是个性化的，针对的是一名学生或者一小群学生，或者在有效的反馈方法下，获取的是每一个学生的学习信息。有研究者发现，大多数教师的反馈都是针对全班学生的。在这样的情况下，学生通常对反馈没有兴趣或者不利用反馈，因为他们认为反馈并不适合他们。

三、用于即时反馈的有趣方法

尽管很多研究者将反馈作为独立的研究领域，然而在现实的课堂教学中，反馈并不独立于教学的某个环节，如导入、新授或巩固，而是渗透于整个课堂教学之中，为持续推进教学目标的达成服务。在此介绍若干用于教学活动的反馈方法，以便教师能够在某一项活动或任务结束后即刻反馈学生的学习效果，收集学生"到哪儿"的证据。

（一）手势法

手势法可以用来评价或展示学生对内容的理解程度。学生可以根据理解和掌握的程度，伸出手指：5个手指表示理解得最多，1个手指表示理解得最少。这种策略需要所有的学生参与，并帮助教师在学生数量较多的情况下即刻检查理解情况。

（二）响应卡

学生在课堂上同时举起响应卡，即索引卡、标牌、小白板、磁板或其他物品，以表明他们对教师提出问题的反应。借助响应卡或其他工具，教师可以很容易在第一时间了解学生的学习情况，并记下个别学生的反应，同时根据学生的反馈及时调整教学。

（三）"四个角"观点法

这是一种快速和简单的监测、评估学生理解的方法。此方法还提供了一个允许学生在教室里运动的机会。教师首先提出问题或陈述一个观点，然后学生们走到教室的4个角落，表明他们对问题或任务的反应。例如，角落处的选择可能包括"我非常同意""我非常不同意""我有点同意"和"我不确定"。

（四）苏格拉底式问题研讨法

学生们就基本问题、主题或选定的内容互相提问。这些问题引发一场对话，接着是一系列的回答和其他问题。学生们学习如何提出问题来解决问题，以促进他们自己的讨论并达成新的理解。教师可以在旁边收集关于谁理解和谁不理解的证据，然后有必要改变自身课堂提问和教学的方式，以确保所有学生都能参与，并提供关于他们理解水平的证据。

（五）"3-2-1"法

"3-2-1"法通常用于一堂课结束后，让学生回答和思考在一节课后学到了什么，以及还有什么问题。"3-2-1"法具体为："他们从你的课中学到的3个收获""他们想知道2项更多的内容""学生提出的1个问题或疑惑"。这种方法可以激发学生对课堂的反思，有助于学习效果的强化和反思的落实。

（六）"入门券"和"出门券"法

"入门券"和"出门券"法可以用于上课开始前和结束时。教师在一节课开始时提问，学生们把他们的答案写在类似索引卡或纸条的"入门券"上。教师用它们来评估学生对当天课堂中所要学习内容的初步理解，或作为对前一天课堂理解的简短总结。教师围绕着这样的事实来设计课程：学生学习的信息将在课程开始时提供，并可用于改进该课程中的教与学。教师设计的问题要易于解释和分析，给自己或学生留出时间分析回答，并相应地调整教学。这种方式也是"图示理论"的具体应用，即学习是建立在学习者原来的认识基础和储备之上。

"出门券"用在教学结束后，用于监测和评估学习收获或效果。一张优质的"出门券"与课程的目标有关，重点是学生当天应该理解的特定技能或概念。"出门券"可以是多项选择题、简答题，还可以是口头回答一个问题的几句话。

（七）三种最常见的误解

要避免学生在学习的道路上"掉坑"，关键是要让学生知道"坑"在哪儿。教师可以向学生展示关于所教内容的常见或可预见的3种误解、错误，询问学生是否同意，并解释原因。教师也可以让学生自己总结常见错误，并介绍如何纠正或解决这些错误。知道什么是错误或者错误在何处发生，有助于学生获得对学习更多的理解及成功，变得更加自我导向。

课堂帮助学生寻找"那些从未存在过的知识"

今天的时代，是信息化和智能化时代，对知识传播和获得来说，这是一个最"好"的时代，也是一个最"坏"的时代。

一、我们是否正视了知识的变化

现今知识呈指数级增长，改变和增长不仅仅是这些，还有知识传播和获得的方式日益多元化、泛在化，终端式、全天候式的学习成为人们获取知识的主要方式。过去学生从书本中找到知识，还通过教师的口口相传获得知识。今天人们打开智能手机或计算机，仿佛一切尽在"掌握"之中。这一切对于知识来说，是最"好"的时代。

然而，今天对于知识传播和获得也是最差的时代，相当多的知识还没有生成价值，就完成了其使命，消失得无影无踪，这是迭代时代所带来的知识现象。据说大学生在一年级的有些知识，到毕业时已经被淘汰了。而且，知识似乎成了"众矢之的"，许多人都在"围剿""痛骂"知识，尤其在教育系统，将应试教育、学生负担过重、传授式教学、作业过多等诸多问题归结于知识。

联合国教科文组织又一重磅报告《反思教育：向"全球共同利益"的理念转变？》于2015年发布。此报告为我们重新认识知识提供了启发。报告中说道："不能把知识仅仅局限在以学术性等级筛选为主要功能。应该把知识界定为通过学习获得的信息、认识、技能、价值观和态度的总和。"显而易见，知识不仅是信息，还是技能、价值观和态度。这一判断还原了知识原来真实和丰盈的形象。

修订后的布卢姆教育目标分类学对知识的界定，则是另一种重新审视知识的视角。这一理论将知识分为4种类型。第一类是事实性知识，指学科专门的概念、符号和标记，如字母表等，或类似于事件、地点、人物、时间等具体细节和元素知识。第二类是概念性知识，带有"结构化"和"系统化"的特性。第三类是程序性知识。如果说事实性知识和概念性知识是关于"是什么"的知识，那么程序性知识就是关于"怎么做"的知识。最后一类是元认知知识，指学习策略的认识和自我学习过程中的监控和调整。也不难看出，布卢姆对知识的界定早已超越了事实、细节和概念等维度。

如果要分析今天我们教学存在的问题，其中之一是常常将知识教学简单地理解为"知识点"的教学，或者说考点的教学，从而摈弃了很多知识的应有之义。在"知识点"教学的认知主导下，教师自然用传授式、讲解式、灌输式等诸多单向的教学方法，学生就会习惯于背诵、记忆、抄写等接受式学习方法。

此时，教师的身份只是知识的"搬运工"，不是教学方式的设计者和学生成长的引导者，学生只是知识的"复印机"，而不是会思考学习的意义，能探究和创新知识的"全人"。真如此的话，学生将如何面对正在发生的深刻变革呢？

二、结构化教学使知识更具意义

知识的生成和产生，从来不是割裂的或者单独的。人类的知识呈现着链条式和网状发生的特点，新知识在旧知识的基础上，不断拓展和衍生。新知和旧知存在着连接点，彼此之间是有强关联的，属于同一个系统，并不是零星的。正因为如此，人类的知识体系会不断地完善。我们可以想象没有牛顿第一定律，怎么会有牛顿第二、第三定律呢？

自然科学常常以线性的方式发展和存在，缺少一个知识或概念常常影响整体的学科发展，像"多米诺骨牌"似的影响后续的学科学习。人文学科虽然不像自然科学那么严谨和系统，但是其蕴藏的生命和生活的所需价值、意义，是全人类发展所不可或缺的。

教师唯有教授结构化的知识，才能帮助学生深刻理解、加工、运用和迁移知识。如果学生学到的只是零碎的知识，那么这些知识往往就缺乏生长力，未来也终究会随着时间的流逝而被忘得一干二净。即便就应付考试来说，因为没有系统地整理知识，就难以达到深层理解，同样也无法应对灵活多变的考试题。一个人只有建立起系统的、结构化的知识体系，才能在某个领域学习或者应用，驾轻就熟。也就是说，知识成为结构化知识时，才能体现出它的应用价值。

如何教给学生结构化知识？不妨试试"大概念"教学方法。"大概念"具有吸附知识的能力。有"大概念"这个连接点，我们的知识学习会因为有附着点而被赋予意义，所以掌握得更加牢固。"大概念"教学倡导者威金斯和麦克泰格把大概念比作"车辖"。有了"车辖"，车轮等零部件才能组装起来，否则只能散落一地，毫无用处。"大概念"会成为我们知识的生长点。学生依靠"大概念"自主学习的内容远比教师教得要多，并且会在他们的未来持续发生作用。无论是人文学科还是自然学科，其课程体系里隐藏着支持学科发展诸多的核心大概念。

还有一种方法是思维导图教学。思维导图以其结构化的图状设计，帮助学习者根据内容的不同整理或学习系统的知识，促成他们形成整体的观念和在头脑中创造全景图，建立系统的、完整的知识框架体系。更有意义的是，结构的不同意味着思维的不同，利于学生形成多元的发散性思维模式，提升思维品质。

法国当代著名的思想家埃德加·莫兰说：未来教育有7个黑洞，其中第二个黑洞就是"人们不教授确定的知识……确定的知识并不是那些在形式或数学程序上极端复杂的知识……是在部分和整体之间往来如梭的知识……背景教学是知识的迫切需要……在我看来，必须将知识贯通。"要贯通知识，结构化和系统化的知识学习是前提，结构化和系统化学习的过程是将学科脉络打通，建构学科思维的过程。

三、唤醒知识的德性

对于知识究竟是理性还是德性的，争论一直不休。1859年，英国哲学家、社会学家斯宾塞提出一个哲学命题："什么知识最有价值？"这像一颗炸弹扔在了教育阵营里，触动了思考和求索知识的人们。

据说，古希腊数学家欧几里得的一个学生曾经一本正经地问过："我学这些东西能得到些什么呢？"欧几里得沉默片刻，叫来仆人，吩咐说："给他6个铜板，让他走吧，这是他想要得到的东西。"在欧几里得眼里，知识超越世俗化和功用化，正如苏格拉底倡导的一样，知识即美德，指向个体对自我生命之本真使命的认同，并兼有济世改造之功能。

只有德性的回归，知识才回到本源。语文学科曾经被工具性所左右时，获得"改革开放先锋"称号的人民教育家于漪，提出"工具性与人文性的统一是语文学科的基本特点"。也就是说，语文教学不仅仅是听、说、读、写的技能训练，还有认知教育、情感教育、人格教育等教育功能。"以语化文"的振聋发聩呼吁，就是对于语文学科德性的呼吁。

更重要的是，于漪老师将语言学习立足在民族精神传承和个体精神塑造的层面上，认为："语言文字不是单纯的符号系统，而是一个民族认识世界、阐释世界的意义体系和价值体系。"这一论断将语言文字的德性提到了前所未有的高度，是民族自信和文化自信的表现，更体现了语言改造、对话和影响世界的浩然情怀和德性所在。

其实，没有一门学科的知识不蕴含着德性。举些例子，历史知识的德性是具有全面、客观、辩证、发展的视角，以更有效地审视现实生活，解决现实问题。再如科学知识，其德性是领会科学的本质，乐于探究，热爱科学，并树立社会责任感，学会用科学的思维方式解决自身学习、日常生活中遇到的问题，推动社会的进步和发展，带给人类福祉。

思维也具有德性，如人们经常提及的批判性思维。如果我们简单地将其理解为否定和批评对方或者看到的事物，那就大错特错了。批判性思维的德性是责任、尊重、自信、追求卓越和审慎地怀疑等。当我们把教学的关注点放到德性时，视域会豁然开朗，就会逃离"知识点"教学的泥潭。

四、知识的创新和应用是最终使命

2014年6月，特斯拉公司在推特和微博上发布了一份招聘信息，题目是：我们在寻找那些从未存在过的人。原来他们在招聘的真的是这个世界上（彼时）闻所未闻的职业，比如超级充电方案研究员、产品交付体验师、家用充电专员等。其实知识教学的目的也同样如此，也在寻找"那些从未存在过的知识"。未存在的知识必然是原有知识的衍生和创生，是在应用和创新中产生的。

18世纪早期，法拉第发现了电磁感应现象，之后提出了"法拉第电磁感应定律"，由此，水轮机、汽轮机、柴油发电机等在感应电动势应用下纷纷诞生，引发了一波又一波的工业革命和技术变革浪潮。这个案例就是知识创新的故事。

无论教育形式怎么发展、变化，基石依然是知识。但是知识的生命活力建立在知识创新的基础上，我们应通盘地考虑如何让它适应今天的知识。课堂上，我们也要帮助学生找"那些从未存在过的知识"。如今，布卢姆教育目标分类学将教学目标的最高层次从"评价"调整为"创造"，也就是说教学的最终目标是将所学的知识用于创造、创新和创生，课堂应该成为知识创新的实验室。

课堂创新绝不是简单的技术升级，而是将知识学习与个体和公共生活联系起来，就是应用和解决生活中的复杂问题，真实或虚拟现实的问题，或是学生个人的问题。一旦知识与个体经验和社会现实结合起来，就有了创新，就有了"那些从未存在过的知识"。这样的教学方式也应该是知识教学的最终目的和使命。

个人经验的差异、社会场景的复杂性，使得知识创新的形式千变万化，内涵丰富多样。与此同时，知识回归了其价值和使命，即服务和改造社会，润养和塑造个体心灵，而不是束之高阁的"故纸堆"。

人生有"灵魂三问"，教学也有"灵魂三问"

"你是谁?""你来自哪里?""你要去哪儿?"是拷问灵魂的人生三问。这不仅是哲学界自古至今无解的难题，也是一个人穷其一生、尽其一世探寻和回答的问题。面对同一个问题，有人会追根究底、孜孜以求，探索最好的答案，成就最好的自我；也有人置若罔闻，视而不见，任凭人生的大海跌宕起伏，翻滚升腾。显然，不同的选择会导致不同的结果，人生通常是由自我的选择和努力所决定的。

在日常课堂教学中，有的教师会选择一本教材、一支粉笔，从头讲到底，到下课铃声结束的时候，便认为"完成了教学任务，达成了教学目标"。因为他们认为，把课本知识或自己的知识传授给学生是课堂教学的主要任务，教师的主要职责是将教学内容一股脑儿地倒给学生。教师讲，学生听，学习自然发生。也有教师会尝试种种教学方法，试图让课堂变得轻松、高效，花样百出，但是却很少去思考学生学得如何，掌握了没有。他们潜意识里认为，几乎所有的教学行为和方式都是有用的，用于判断教和学中起作用的"门槛"几乎被设定在了零点。

正是这些误区和认识，导致了课堂中诸多虚假学习和浅层学习的发生，真实和真正的学习很少甚至从不发生。教师不知道一堂课或一个单元教学下来，学生掌握了多少内容，不知道学生对于知识理解和应用的程度，更不知道技能和素养有何变化。教师花了很多时间，结果学生并没有获得实质发展。学生不知道自己的学习水平到了何种程度，还有哪些尚未解决的问题。时间一久，学习困难、厌学等问题积重难返，根源就是缺乏有效反馈和评价以及相应的改进。

这是一个从教师的"教"转向学生的"学"的时代。如同人生的"灵魂三问"，教师在教学过程中始终要进行课堂教学的"灵魂三问"，并试图不断地解读这些问题，才能达到教学效果和目的。

一、第一问：我要带领学生去哪里？

课堂教学是一次从未知领域抵达已知领域，充满神秘感的旅行，是充满必然，也充满偶然的旅行。如果课堂教学缺乏目标和图景，教学效果就无从谈起。

教师作为课堂教学的设计者和学生学习的引导者，要具有强烈的目标感，用目标感驱动教学。教师应该始终问自己："我要带领学生去哪里？"通过回答这样的问题，明晰在一节课结束后，要达到什么样的教学目标，并知道要达到这样的目标，自己应该做些什么。在素养时代，课堂教学目标不仅仅是使学生掌握学科知识，更重要的是培养依附在知识上的技能和关键能力，以及学生的情感和态度。简而言之，是他们是否深刻理解他们所学的知识，并能够用所学的知识，用负责任的态度去解决复杂的情境下的真实问题。

由于课堂学习是一次师生协同参与的旅行，是由教师和学生共同完成。教师不仅要自己清楚教学目标，还要告诉学生教学目标是什么，一节课后要达到什么样的终点。当教师向学生解释每节课的学习目标、交流成功的标准时，学生就能够建立对于学习期望的理解。这样，学生会带着清晰的学习目的和强烈的学习动机进入课堂学习，知道"去哪儿"，投入学习之旅，并不断地反思是否达到了目标。

二、第二问：我的学生到达哪里了？

教学设计是教师课堂教学的重要依据。教师在教学过程中通常会根据教学流程知道"教学到哪儿了"和"自己到哪儿了"。然而，这还远远不够，教师还要知道"学生到哪儿了"，是否达成了教师的教学要求。"到哪儿了"需要教师知道学生是如何达成目标的，达成目标的依据是什么，成功的标准何在。

要解决这些问题，有效的反馈和评价尤为关键。一名好的教师不仅是教学活动的设计者，还是教学反馈和评价的实施者。测验或考试是一种有效的反馈或评价手段，但是仅仅是其中一种。何况，简单的分数并不能提供任何改进的信息。很少能够反映出学生的强项或短处，也很少能够反映出学生的思维过程和品质，更不能反映出学生的情感、思想。

对于反馈，我们还会有这样的认识：反馈是某种教师提供给学生的诊断，然而这样的反馈更多的是社会性的和行为性的，而不是指向学科思维和本质以及目标达成的。墨尔本大学的哈蒂教授在对800多项关于学习成就的元分析和研究后，发现反馈这一方法效果最佳。因为教师寻求学生的反馈或者至少向学生的反馈保持开放时，也就是教师了解这些来自学生的反馈，即学生知道什么、理解什么、错在什么地方，什么时候有错误的观念，以及在什么时候不够投入，此时教学和学习才能同步和有效。因而，教师更多地应该从学生那儿和学习行为获取对于教的反馈。

学生到哪儿了？要回答这样的问题，需要教师在教学过程中持续收集证据，如观察单、活动单、访谈记录、对话倾听和平台测评等，而不仅仅是通过考试或测验，不仅仅简单地以"对"或"错"来衡量或判断。学生的学习对教师来说才真实可见，才会形成学生真实的学习图谱和个人图像。只有通过多元的反馈和方法，教师才能发现学生的长处和短板，了解学生的态度、价值观和学习方式，更好地了解学生的需求。学生向教师提出的问题不再是"我的成绩是多少"，而是"我知道了什么"。

因而我们的课堂要让反馈在整个学习过程中都能得到体现，通过反馈找到学生的最近发展区，使得教学更有针对性和有效性。教育家杜威曾经说过:"我们的成长不是从经历中获得,而是从经历的反馈中获得。"在能力和素养导向下的反馈,将超越传统的背诵、默写和测验等手段,指向学生知识深度理解、问题解决能力、批判性思维和合作能力的检验。

提问是课堂里教师常用的反馈方法,好的问题不仅能够衡量和反馈学生的知识水平,还能够揭示学生对不同层次的知识掌握、理解和应用情况。而且好的问题能够激发学生的思维发展,驱动高质量的教学活动和任务。

三、第三问:下一步怎么办?

有经验的球员,打球前总会凝神观察前方十个球的位置和布阵,还会看看球道。在挥杆使力前,他还会不断地调试挥杆的角度,直到觉得满意和合适为止,才发力挥杆。这个过程其实就是持续获得反馈并付诸行动的过程。教师在给学生提供反馈的同时,要想想"下一步怎么办",提供具有实质性的改进行动。

经常在开车驾驶时使用的导航系统就是一个很好的例子。在发动汽车前,驾驶员把目的地输入导航,路线就立马出来。在行驶的过程中,导航一直会反馈给驾驶员行驶信息,如速度、变道、限速、拥堵情况等。一旦驾驶员偏离路线或者超速,导航系统就会立刻提醒。驾驶员选择另外的路线时,导航马上会重新规划路线,提供新的路线和方向。在教学中,教师也应该如同导航系统一样,经常评估学生的学习情况,看他们是否朝着目标前进,提供及时的反馈,并适时重新调整教学方式,以适应学习进程和任务。

学生需要对教师的反馈采取行动。如果学生不需要自己思考或做任何事情,那再多的反馈也不能加深学习,而只是增加负担而已。很多教师在反馈的过程中,大部分不是引导学生改进,而是关于纠正教师所发现的错误。例如,"答案里缺少了什么?""你应该在某处写些什么?""这些答案怎么处理?"如果教师采取这些反馈方法,学生很少思考学习过程。取而代之的是,教师应该提出更开放的问题激发学生思考:"你认为应该如何改变观点或答案？""怎样使你的答案更加符合题目要求？"

　　教师在教学过程中持续给学生反馈，则可以驱动学生不断地迎接一个又一个的挑战，获得对所学内容更深入的理解，从而达到最佳的认知状态。在学生遇到困难、出现错误时，教师能够通过引导、激励或提供脚手架，让学生有效解决问题，这样的过程是学生思维发展和学习真实发生的过程，也是教师成长的过程。教师反馈的不仅是学生的学习状态或学习效果，更重要的是反馈自我教学方法和互动的效果，反馈所用的教学方法是否有效。也正是在反馈和改进中，教师的教学水平和能力会持续进步，使得教与学真正做到同频共振，相得益彰。可以说，有效反馈的课堂是师生共同成长的课堂。

学生上课无精打采，试试"SCORE"模式

如今，人们热议"深度学习"，强调学生批判、应用、分析、创造性高阶思维的培养。然而，高阶思维的培养离不开学生的课堂投入和参与，学生课堂上的积极参与和投入与高阶思维的培养无法分开，只有学生在课堂上投入，参与教师的教学活动，才能达成高阶思维培养的目标。美国课程专家理查德·斯特朗、艾米·鲁宾孙和哈维·西尔弗曾联合提出"SCORE"模式。这种模式包括能使学生在参与中体验成功（Success），能激发和满足他们的好奇（Curiosity），能保障学生展示他们的原始想法（Originality），能保持与他人交往和交流（Relationship），持续的参与（Engagement）。这五个英文词语的首字母缩写就组成了"SCORE"。

专家们认为，学生参与课堂互动的积极性不是来自外界的动力或压力，而是来自他们自我精神需求的满足。因为内心需求一旦满足，就能激发他们持续而深入地学习。马斯洛理论把人的需求分成生理需求、安全需求、爱和归属感、尊重和自我超越。学生在学习过程中也有相应的心理需求，只有教学活动中融入了这些因素，使学生的这些需求得到满足和尊重，才会激发他们的内在潜能，积极参与教学活动。不过，这些需求常常是个性化的，每个学生的需求程度不同，而且各自的学习方法、动机和策略也不相同。因此，教学活动设计需要从学生的特点出发，平衡、运用和渗透，满足他们的不同需求。

一、确信孩子能够成功

效能感对学生的学习很重要。学生需要有机会展示自我，展示自己的学习成就，使得他们感到自己有能力并能成功。这一切能够驱动他们积极地投入学习。

在我们利用成功这一策略激发学生高质量地完成任务时，我们必须满足以下3个条件。

（1）我们必须清楚地向学生阐明成功的标准，提供清晰的、即时的和建设性的反馈。

（2）我们必须通过举例和示范告诉学生如何完成任务，让学生知道他们应该具备必要的技能才能完成要求。

（3）教师培养学生课堂中追求成功和卓越的品质，并认为追求卓越是学习的目标也是学习的过程。

所有这些似乎显而易见，但是我们常常会在教学中忽略这些做法。比如，你还记得你并不能掌握某些重要的技能，因为你没有被清晰地告知。

它们是在文章中找到主题，阅读和理解最初的文本，思考非常规的数学题目吗？一般来说，这些被认为是常规的或经常布置的任务，经常没有完整和系统地被教师演示或者操练。

因此，我们如何帮助学生掌握这些技能？例如，阅读中确定主题时，教师可以要求学生提供一首并不熟悉的诗歌，然后大家使用"中心思想"的策略一起分析，教他们如何寻找主题词（常常是一个名词或名词短语）、中心句（解释或说明主题词的句子）、支撑中心思想的论据或证据。这样的程序或策略的教学是给学生提供教学支架，增加他们成功的机会。如果学生对作者的迷思感兴趣的话，那么教师可以告诉学生如何开展头脑风暴，没有什么想法是不值得思考的。

这些并不是具有革命性的想法，只是说明课堂里的实践和方法改进很容易，可以提高学生成功的概率。但是成功的标准是什么呢？教师应从多种角度来定义成功。我们不仅需要拓展成功的定义和范围，还要保证我们的定义是清晰的，使得每个学生都知道具体是什么。以这种方法，他们知道什么时候会成功，他们知道如何去改进自己的表现。

为了清晰地表达成功的标准，我们可以展示高水平、一般水平和低水平的作业或作品。这种举例的方法能够有效地激发学生，促进他们对自己能力的理解和认识。

二、激发好奇

学习课程需要激发学生好奇心，唤醒他们对于深度理解和学习的渴望。如何确保我们的课程能激发学生持久深入的好奇心？这可以从两个方面着手：第一，学习主题信息完整且不自相矛盾；第二，学习主题与学生的生活有关。

教科书的知识逻辑和架构常常非常严密，但也有缺点，比如会脱离现实世界，学生会提不起兴趣。我们可以使用叫作"神秘"的策略。即教师向全班提出疑惑性很强的问题，如"什么使得恐龙灭亡"，以鼓励学生收集科学家或历史学家研究出来的成果，解决问题。线索也许是：

（1）哺乳动物能够在恐龙时代急剧变化的环境中生存下来。

（2）长时间在压力下生存的母鸡所下的鸡蛋，蛋壳要比没有压力的母鸡所下的鸡蛋薄很多。

（3）开花植物大面积演化时，恐龙无论在数量还是在种类上会增加。

（4）某些开花植物包含生物碱。

这样，学生们按照小组开展学习，追溯科学家的脚步，收集有力的证据，解释成因。他们不断假设、不断否定、不断探究，最后答案慢慢出来时，就会感到无比快乐。

再举几个例子。

（1）从学生的角度，分析个人喜欢和不喜欢的事，计算你在不同活动中所花时间的百分比，以成人身份探索，我想要成为谁？我想成为什么样的人？

（2）探讨简·奥斯汀的小说《爱玛》：从学生的角度，讨论声誉和地位如何影响艾玛的决定和你的决定；站在成人角度，你的观点对他人和家庭的影响有多重要？

（3）从个人角度，调查社会组织如何改善环境。从成人角度分析：我要负什么责任？我被寄予何种希望？

三、鼓励原创

在支持原创的课堂中，每个学生都会有机会去表达他们的自主学习和个人想法，使他们有机会去发现他们是谁，他们想要成为谁。然而，那些尝试提高学生创新能力的方法常常阻碍学生的自我表达。这有几个原因。

首先，教师常常在设计任务时考虑更多的是技巧，而不是学生自我表现。其次，只有那些被认为是聪明的学生才有机会展示才能或作品，从而减少了其他学生获得反馈的机会。再次，学校潜意识地认为创新是玩的形式，这样则会失去对高质量的追求和谨慎感的拥有。恰恰对结果高品质的追求以及慎重对待任务对于创新至关重要。

如何鼓励学生的自我表达和展示？建议尝试以下4种途径和方法：首先是设计与学生个人生活经验和他们所关心的问题有关系的活动，如在美术课学习陶瓷艺术时，让学生去研究家里的陶瓷艺术品，进而设计具有自己想法的作品。其次是拓展学生学习和倾听的边界，可以走出校园，组织学生采访社会上的长者，为他们创作个人自传。再次是要设计开放性的问题，问题可以有多种答案或可能，给学生多种选择。例如，在音乐课中可讨论：如果早期的音乐家被迫只学习传统的欧洲音乐，那么美国的蓝调或摇滚乐队将会发生什么变化？最后是使用"抽象"策略，帮助学生完全理解任务的属性、程序和框架，从而达到较高标准。

例如，相比纸质型文艺作品，学生更喜欢观看视频文艺节目。他们认为文艺节目较易理解，直观也不需要太费神。教师可以通过举例帮助其分析和理解文学作品的某一种概念、类型、结构或流派（这些概念、类型、结构或流派定义为"抽象"），然后鼓励学生根据这些策略创作作品。这样既深刻理解了作品的风格和类型，又能与自己的生活结合起来，提高了学生的原创积极性和表达的机会。最后，要求学生对自己提问："我的写作技巧如何？""我的作品真的反映我个人的意向吗？""这件作品表达了我对于这一流派的理解和掌握吗？""它真的有效地与观众产生联系吗？"

有人担心这种模式的严谨性会妨碍学生的自我表达，但是恰恰相反，学生对自我表达的热情最终驱动他们追求高质量的作品和成果。所以，低标准常常是压制或影响，而不是强化高质量任务的完成。

四、加强同侪关系

学生看重与他们在意的人的关系。其实，人际互动的情感需求会维持一生，而且绝大多数人在建立互惠关系上所做的努力最多。总的来说，失衡的、非互惠性的关系证明是暂时的，也未能产出更多的活力和激发更多的兴趣。

这种观点如何影响课堂生活？深思学生对作业的态度。在传统作业的方式上，唯一能够改善的关系就是教师和学生。然而，学生认为教师不需要他们的知识，只是有个交代而已。对于教师来说，每天要面对多个学生，可能也并未寻求与学生更深的联系。

但是，假设学生的作业是互补的：动物海报制作活动中，一名学生研究和学习乌龟，第二名学生的任务是了解和调查蛇，第三名学生是观察和分析蛇蜥。在他们完成任务后，比较和分析3种动物，最后制成海报。在这项教学活动中，每一名学生都需要他人的合作才能完成任务。这样的设计也促进了学生之间的交流和共享。

美国教学专家安玛丽·布朗曾经通过教室里的电脑网络运用这种"拼图法"策略，效果非常显著，有效激发了学生的动机、阅读和写作。伊丽莎白·可汗建立了互惠互补性的小组，通过异质同组的方法，发挥组内不同人员的作用，从而激发了学生积极参与和投入。

五、精心安排学习任务

身为教师，我们首先要考虑自己的表现。不同的人在不同的情况下对4个维度的倚重程度也不同。究竟哪个维度是特别重要的呢？这种偏好是如何影响教学的？观察和理解我们的教学是如何推动或者压制学生的课堂参与的，然后进行改进，我们就会渐渐地朝着更成功、更有创意和互惠性的方向发展。

所有的学生在不同程度上，天生都想好好学习，理解学习的内容，进行自我表达，建立积极的人际关系。但是他们每个人也是不同的。想象如果我们鼓励学生积极投入和参与基于4种维度的谈论、学习，情况会发生何种变化？他们会以怎样的方式展示他们的课堂？我们真的能够设计与他们潜力一致的作业和任务吗？

最后，是评估改变本身的成效，什么样的专业行为阻碍了教师们的动机？我们如何重新设计教师专业发展，促进学校教师间的理解和尊重？在教学设计时想想以下问题，或许能帮你达到目标：

（1）在何种情况下，学生最有可能感到他们能够获得成功？

（2）学生什么时候最有可能变得好奇？

（3）我们如何帮助学生满足他们天然的自我表现愿望？

（4）我们如何通过创造和强化同伴关系激发学生？

原文载于2017年9月22日《中国教育报》。

这10年，课堂教学发生了什么变化？

如今教育在技术驱动下，各领域里发生了深刻的变化。在这一系列变化中，课堂教学的变化是最重要的。课堂教学是教育最重要的领域，直接影响着学习者的学习质量和生命质量。

一、教师是"知识和文化的公断人"

"美国"教学思想"机构对教师身份提出了论断，知识和文化的公断人。"这一论断将教师的地位和作用提到了极其重要的地位。教师不仅是知识的传播者，更是公断者。为什么会有这样的论断？过去的10年，在以云计算、大数据、人工智能与区块链为代表的数字技术引领下，知识传播的方式和生成的速度正在发生变化，知识浪潮汹涌而来。知识不再像数十年、数百年前那样是静态的，或者是缓慢发展的，而是动态的，非常迷乱的和汹涌澎湃的。

这给教育和教学带来了挑战，使得教学成为极其艰难和复杂的工作。面对复杂、多变和纷乱的知识，教师必须具有敏锐的目光和公正的标准，具有判断力，才能去伪存真，判断什么是真正有意义和有价值的知识，什么是值得传递和传播的文化，这样才会在课堂上带给学生真正的知识。只有这样，知识才会给学习者带来福音，而不是灾难。今天的时代，信息是过剩的，但是智慧是缺乏的。

技术的发展不仅带给学习者知识形态的变化，还带给学习者学习形态的变革。课堂和学校不再是学生获取知识唯一的途径，任何人可随时随地获取所需的任何信息，泛在学习成为人们获取信息的主要方式。混合学习、自适应学习、在线学习等，正在对学校的功能和教师的角色提出挑战。然而，教育从不单纯根据技术需求来变革，或者说通过技术来达到目的。教育的对象是人。任何技术的变革都是手段，而不是目的。学生对学习失去动力和兴趣时，技术无法替代教师的鼓励和激励；学生在学习中遇到困难时，技术无法面对面给予学生指导和帮助；学生在迷失人生方向时，技术无法给予学生指导和人文关怀。

教育技术在教育场景中日益常见时，教师的作用愈发重要。只有教师才能给予学生细致入微的个性化关怀和呵护，使学生在冷冰冰的技术世界里依然能够感受和传递人性的温暖。教师的角色不仅是知识的传授者，而且要成为纷杂知识的洞见者和判断者、满足学生个性化需求的教学服务者、学生人生的引导者、动力激发者和情感呵护者，从而真正成为学生的灵魂工程师。

二、技术，正在影响和改变传统模式

技术在教育领域的深度应用，不仅带来了新型的教与学模式，还衍生出重要的教育变革力量——大数据。教育大数据已成为推进教育领域深化改革和创新的战略选择，原因是，数据蕴藏着分析价值和路径指向。教师能够借助技术，通过数据分析了解学生到底是怎么样学习的，学生"怎样"学习才能学得更多、更好和更精确，还能帮助教师提供个性化和针对性的教学。

然而，数据的价值关键是使用者的洞见和观点。在许多学校和课堂中，教师只是以审查的视角评估数据，而不是关注内容本身，也不对学生好奇心、提出和解决问题的能力、研究能力、实践能力、批判性思维或其他任何价值观进行分析。

技术的应用还带来另一种变化：学习借助媒介可以反复和分享。数字设备正在改变人们的生活方式和学习方式。数字设备促进了学习者的个性化学习，使得学习者轻而易举地获得所需要的资源，支持了多模式和多形式的媒介学习。更重要的是，数字技术的普及促进了教学互动，使得移动学习成为可能。由此，课堂上学生可以借助教学软件或设备反复学习，不断地修正自己的学习，直到满意为止，这在数十年前是不可想象的。技术可以并且将代替教师来执行许多基于技能的任务，这些任务可以自动化而不会失去功效。

如果传统意义上的素养是指读和写，那么今天信息环境下的阅读和写作素养至关重要。因为有了数字技术，阅读和写作能够不断地反复，而且可以通过媒介与他人分享，这就要求学生成为一名"负责任的现代公民"。社会化的思想、多模态的方式、复杂的文本组织方法、烦琐的缩写和首字母缩写、不同媒介形式的转换等，都是数字技术给阅读带来的变化，要求学生具有数字化素养的读写能力。这一切变化，亟须教师不断积极调整教学方法，从而培养学生成为信息时代的真正"原住民"。

当然，不是所有的教师都能够正确地面对信息技术和手段。例如，教学应用程序日益受到青睐，成为教师的教学辅助手段和学生的学习工具。但是，这还是存在一些问题，教师要么彻底放弃那些应用程序，无视App的应用价值，要么只是断断续续或者孤立地使用它们，没有与教学真正地联系起来，无法有效地发挥其作用——这并不是10年前很多人预测的未来。

三、移动学习的内涵不断拓展

如今"移动"已成为时代的标签，信息、交流、搜索、购买、确认等，都呈现出"移动"的特征。因为技术的广泛应用，移动式学习也日益成为趋势。说起移动式学习，以前人们经常会想到社会考察或实践，仅仅局限于学校到某一个场地的移动。如今，移动式学习的内涵越来越丰富。首先，越来越多的教室按照学习功能或任务划分区域，满足学生个性学习的需求，学生不再像以前那样，长时间地固定在教室的座位上，而是能够自由走动。其次，教育进一步回归生活，学校与社区和大自然的联系更密切，越来越多的教师将课堂搬到校外，让学生在真实的生活世界中学习，从而培养学生在真实世界解决问题的能力。

移动式学习的时代内涵还有，信息技术支持下的自携式移动学习模式。也就是说，学生随时随地能够借助网络和设备进行学习。移动式学习环境的建设如今成为未来学校建设的重要方向。"教学思想"的专栏作者特里·希克（Terry Heick）曾在一篇文章里提到移动式学习环境的特点：资源随处可得的、可监测的、智能化的、可视的、能玩的、异步的、能自我引导的、多样的、能修复的、混合的、随时的及真实的。

在移动式学习环境中，有一种知识尤为重要，那就是包括自我监控和目标制定在内的元认知知识。布卢姆提出了知识的四大类型：事实性知识、概念性知识、程序性知识和元认知知识。元认知知识是指计划事情、自我监督计划进度、根据监督的情况进行适度调节的知识。只有具备了自我管理和监控能力，学生才会经常评估和复习所学的知识，同时高效使用2台甚至3台数字设备，积极参与项目化学习中的校际合作，与专家保持定期和良好的沟通，在真实的社区环境中参与实践和实验式学习。元认知知识的学习是让学生能够充分发挥信息化的优势，成为一名对自己负责的学习者。

四、教师的领导力体现在"破坏性创新"

传统意义上，教师的阵地在课堂，在教室的一方天地，或者局限在校园和社区的范围内。他们坚守着传统的教学内容和教学方法，日复一日，年复一年地重复着"昨天的故事"。然而，师道尊严、传统教学的观念迎来了巨大的挑战。教师不仅仅是知识的权威，或者唯一的拥有者，教师被要求具有强有力的创新能力、引导能力和影响能力——指不断地寻求课堂教学的变革，在课堂之外发挥影响力，但又不失去与学生联系。如果教师不积极变革和创新，就会被时代淘汰。

哈佛商学院的克里斯森教授曾提出"破坏性创新"的概念。成长的关键是教师应成为破坏者，而不是被破坏者。创新型教师，从根本上来说，是破坏者，破坏教学内容传统的选择和传授方式，创造性地用社交媒体分享理念和给予鼓励，直接用多种方式与学生和社区保持良好的联系。一名创新型教师，再也不能照本宣科，在某种意义上必须否定自我，进行"破坏性"教学。

近年兴起的博物馆学习、日益受到重视的STEM教育、"混龄、跨级"的教学方式、基于真实世界的学习、全息式学业评价、跨学科教学、终身学习等，这些课堂教学的变革本身就是教育"破坏性创新"的结果。"破坏性创新"需要教师不断地挑战已有的教学模式，突破传统的教学思维，打破学校和社会的围墙，打破学科间的界限，探索适合时代发展对人才培养需求的教学方法。

五、平等、个性和联系比以往更为重要

教育平等日益成为人们关心的话题。世界上许多国家教育改革的目的是推进教育平等，但是教育平等的重心也在发生变化。过去，人们关注的是获取技术、社会经济问题、语言障碍、标准化评估、Wi-Fi速度和许多类似的技术问题。现在，这些问题不再是教师们经常谈论的中心话题，更多教师关心的是课程、教学、社区参与和学生个性化教育。这些话题具有更大的挑战性，具有内涵指向和质量导向。

由此可见，人们对平等的关注更多地体现为过程平等，而不仅仅局限于起点平等和结果平等。过程平等强调的是为每一个学生提供合适的教育教学，直接影响着学生的受教育质量，涉及无数的学生与教师课堂互动。实现教育过程平等，教师承担主要责任，课堂教学发挥着重要的作用。

教师与同伴、学生的交流和联系更频繁和密切。教师要不断地与同侪一起学习、制订计划、分享和合作。只有这样，才会产生高质量的教学成果。教师还要支持和鼓励学生像教师一样，与同龄人开展合作和交流。教师们意识到培养学生的社会化技能与教授学生学科知识和技能同等重要。全球化正在影响学生的社交活动和范围，教师鼓励学生积极寻找潜在的合作者和交流者，尤其是那些说外语的学生。这会带给学生独特的文化体验和同理心。

新课程标准视角下，如何迎接高质量教学的变革

新修订的《义务教育课程方案和课程标准》（以下简称"新课程标准"），明确指出要以深化教学改革为突破，改革教学过程和教学方法，推进育人方式变革，落实课程的育人价值。这对高质量的课堂教学提出了要求。

教育的育人功能主要是由课堂承载和完成的，是通过教师传递和实现的。经合组织2019年发布一份重磅级的文件《教育2030学习指南》，帮助各国寻找两个影响深远的问题的答案。第一个问题是"今天的学生需要什么样的知识、技能、态度和价值观，才能茁壮成长并塑造他们的世界？"关于社会期许的人才素养，该指南认为学生需要更广泛的能力，包括批判性思维、创造性思维、学习自主和自我调节的认知及元认知技能，如同理心、自我效能和协作的社交和情感技能。

第二个问题是："教学系统如何有效地发展这些知识、技能、态度和价值观？"这个问题涉及教学领域。该指南认为教学需要通过计划、行动和反思的过程来调动知识、技能、态度和价值观，以培养学生与世界交往所需的相互关联的能力。显然，未来课堂的目标指向是学生高阶思维能力和问题解决能力的培养，落实新课程标准中强调的"教学内容和教学活动的素养要求"。

一、理解导向：理解可以在多层级发生

举例来说，在传统的课堂或者大多数的课堂上，对非洲地理，教师经常会采取这样的教学流程：① 学习和理解某地区（非洲）的典型地形，② 在

地图上标示出主要的地形，③ 描述重要的气候区和经济作物以及两者间的关系。

学生在完成这些活动时，只涉及知识的整理以及基本概念的理解，也涉及分析的思维，但是只对事实和概念进行简单对接，缺乏深度的分析。更高级的环节，如应用、评估和创造，一般都不涉及。如果长期浸润在这样的教学环境中，会导致学生在面对新环境、新题型，或者需要创造的地方，无所适从，一筹莫展。根本的原因是，他们缺乏直接面对问题的分析、应用和创造的高阶技能。

再来看看指向高阶思维的教学设计：要求学生设计一条横跨非洲的铁路，设计时要考虑成本、气候影响、人文和政治因素等因素。

这份教学设计直接抛给学生一份具有挑战性和高阶思维的任务，要求学生自主学习"非洲"这一主题的内容，并综合多种因素，应用各种知识设计一个方案。这项任务涉及关键事实的获取和整合、分析判断、综合应用、创造设计，以及批判性思维等高阶思维能力，还涉及团队合作、自我调控等元认知知识。

高阶思维导向的活动还有个特点，即以高阶任务带动低阶思维发展。如果要去设计一个方案，先要评价和分析；如果要评价和分析，得先要制订方案；要制订方案，还涉及关键知识和概念的应用；要应用，对知识和概念的理解和记忆是必要的。这是表现型任务的引领下，整合和带动多种思维发展的学习路径。

高阶思维的教学与教育目标分类学具有密切的关联。布卢姆教育目标分类学是目前课堂教学使用较广泛、较有名的一种，但是教育认知研究领域还有很多目标分类法。例如，根据学习过程中的认知特点进行类别或者级别上的分类，有韦伯知识深度分类法，被简称为DOK（Depth Of Knowledge）。第一层级是回忆和重复，要求背诵或回忆信息，包括事实、公式或简单程序，通常得到一个"正确"的答案。第二层级是基本技能和概念的应用，涉及一些无法回忆的推理，要求学生执行两个或更多步骤，并就如何处理任务或问题做出决定。第三层级是策略性思维，要求归纳、联系、评估和解决问题，通常不只有一个可能的答案。学生还通过解释、推理和引用相关证据来支持他们的答案和结论。第四层级是拓展性思维，涉及长时间的思考和复杂的推理，期望学生将他们的知识转移到新奇、复杂和"混乱"的情境中，要求学生在多种选择中设计一种方法完成任务或解决问题，可能需要学生提出假设并进行复杂的分析。

例如，在劳技课上，教师给学生一张刀叉的图片，那么从低层级到高层级的活动任务可以是：识别此器具、解释刀叉的功能、举出两个不适合使用叉子的食物并解释。最后一项任务是设计调查，确定色拉叉子上尖齿的最优数。学生需要计算、调查色拉的大小，并分析如何将结果应用到尖齿的设计上。

理解导向的教学告诉我们：第一，课堂上理解是可以在多层级上发生的，而不仅仅局限在知识的记忆和重复层面，多层级理解学习目标，不仅为课堂教学指明了方向，丰富了教学方式的形态，还大大有利于课堂品质的提升，有利于学生素养的养成；第二，理解的最终目标是学术严谨，学术严谨的英语是"academic rigor"，rigor的本意是活力和严谨的意识，是教学设计和评估上出现频率极高的词汇，是指学生在完成具有挑战性的任务，熟练掌握学术知识，并发展反思、分析、问题解决、评估和创造力等认知技能。

在教学中，思维的复杂性体现为任务和内容的复杂性，而不是教学内容的难度，并不是学得越深越好，不需要提前学习或超纲学习。更高层次的学习依赖于在更低层次获得的必备知识和技能，但并不总是从低层次开始，学习并不是一个线性、单向的过程，而是复杂的过程。在某种程度上，一堂课教学形态的复杂性和多样性是由其学生行为的复杂性和多样性决定的。教师在教学时，应增加学生行为的丰富性，而不是停留在复述、记忆等词汇。

现在颇受关注的STEM、主题学习、项目化学习都围绕理解和思维的高层次展开和发展。新课程标准注重加强学科实践，实践成为各学科课程实施和教学活动的关键词和中心词，教学建议和教学提示中大量增加了实践类的要求，如观赏、阅读、实验、调研、操作、设计、策划、观察、考察、制作、创作、创造等，学习的行为动词极其丰富，都是指向高阶思维和实践应用。

二、应用导向：解决有意义的现实问题

最新的《义务教育阶段课程标准（2022年版）》提出，所有学科都要有跨学科主题的研究。跨学科主题是在综合运用知识技能、思想方法以及团队协作，以跨学科的整合思维在解决真实问题或任务过程中推进的，与应用密切相关。

应用导向是指增强学习、课堂与社会现实问题的关联性，学生能应用核心知识、概念或技能解决现实世界问题。这样的学习是跨学科和情境化的，适应范围很广，可以从常规场景到复杂场景。

教育学博士达格特曾经创建应用连续统一体行动模式，指导教师如何促进学生的学习与应用整合。这项行动连续体具有五个层次，分别是单学科中的知识、在单学科中应用、跨学科应用、应用于现实世界的可预测场景及适用于现实世界的不可预测场景。

这种应用模式越到后面，知识与现实的联系越密切，应用越深入，对于学生的挑战也越大。如果一堂课与现实世界的相关性强，学生会知道他们在学习什么，明确他们为何学习，清楚他们将如何使用它。这会激发学生学习的动机，让学生知道学习的意义和价值。学生如果能够以新的方式应用他们所学的知识，标志着从事实知识到概念理解的转变。学生通过背诵、抄写等死记硬背的方式获取的知识是"死"的知识，是所谓的"惰性知识"。学生只有通过自己探究、习得和应用获得的知识，才能如盐融入水一样，真正融入学生的认知和思维，导致学习发生和素养养成。

我们可以对应这5个层次来看科学学科的食品教学设计案例。第一层次

单学科知识对应的活动是识别并标记食物；第二层次对应的是按营养价值排列，仅仅是单学科知识的应用；到了第三层次，学生基于营养价值比较食物成本，此时跨学科学习出现了，学生需要利用数学知识进行比较和分析，并做出判断；第四层次是为有健康问题的人们制订饮食改善计划，体现真实世界可预测的应用；最后的层次是为挑食的孩子制订合理的营养计划，涉及真实世界不可预测的应用。因为孩子挑食是不确定的，有的孩子爱好肉食，有的偏向油炸的，有的钟情素菜，都不一样。这需要学生分析不同的情境，制订相应的计划，代表高度应用。学生要以复杂的方式思考并应用他们获得的知识和技能，设计解决方案并完成工作。

当然，并不是所有的任务都能够与现实完全紧密联系，但是可以设计"趋真实性"的情境。比如，学生在刚刚学习了关于南美的地理单元之后，教师可以预设这样的情境：婶婶是一家计算机公司的顾问，即将去南美工作。学生的任务是通过调查相关的地理、气候、政治、经济、历史和文化因素来研究潜在的住宅位置，然后给叔叔和婶婶写一封信，向他们推荐一个可以搬家的地方，并用理由和证据来解释你的决定。尽管这项任务不是完整意义上真实世界里的任务，但是情境性和真实性很强，具有强烈的代入感。学生在类似的学习方式中培养的问题解决能力，能够解决真实世界中存在的类似的问题。

在应用导向的教学设计中，任务通常是有现实意义的，能解决真实的问题，具有情境性，而且答案往往不止一个。学生应用核心知识、概念或技能来解决现实世界问题，任务的解决也需要学生在学科间建立联系，以概念、跨学科概念的方式整体思考和解决问题，从而加强知识与学生经验、真实世界和社会实践的联系。

三、情感导向：情感促进学习的深度发生

马斯洛的需求层次理论表明，人除了生理需求，还有安全和情感的需

求。情感对于学生的学习具有重要的影响，良好的情感能够增加学习的安全感和动力，甚至冒险精神，促进学习的深度发生，是高质量课堂的必要因素。

教育的终极目的就是良好关系的建构。只有教师与学生的深度链接，教育才能自动、自主、自由地真实发生。有个调查研究非常有趣，当教师每天在教室门口问候或者迎接学生，将会发生什么？结果发现，学生上课前10分钟的学习效果会提高45%～75%。有了与教师情感深刻的链接，学生的学习动机会更强烈，脑神经细胞的树触链接会更紧密，认知功能发展会更快。

国外曾有过一次著名教育TED演讲。主讲人是有着40多年教龄的资深女教师皮尔森。她说："孩子们不是不喜欢学习，而是不会跟他们不喜欢的人学习。"她还说："每一个孩子都需要唤醒心中的冠军，一个从不放弃、理解链接的重要、坚持每个孩子都能成为最好的自我的冠军。"这一点与中国的教育格言"亲其师信其道"的道理一样。我们通常都有这样的感受，学生喜欢哪一个老师就愿意接受他的教学，因为学生与教师建立了强有力的链接，是喜欢、认同在发挥作用。

教师可以每天花些时间和学生谈论一些非学习的话题。教师不仅要了解学生学习、成绩和考试分数，还要了解他们爱好、生活、家庭等超越学习的状况，更要关注情感培育、价值取向与心灵成长。理解、平等、尊重和信任学生是良好师生关系建立的前提，多种维度的了解、倾听和对话是良好师生关系建立的纽带，是高质量课堂的保障。

"5E"课堂教学：促进学生深度学习

当前，深度学习备受关注。此概念最早出现在机器学习领域，主要研究机器是如何学习，本质上是人的思维、意识和信息处理过程的模仿和智能开发，是一门人工智能的科学。如今深度学习正在教育领域蓬勃兴起，引领着中小学课堂教学改革和发展之势。

一、深度学习与"5E"模式的关系

据研究，教育领域中的深度学习概念最早由瑞典哥德堡大学的马顿和萨乔提出。他们在1976年研究大学生在进行大量散文阅读任务时，通过所表现出的在不同的学习过程中使用的学习策略，以及理解和记忆的差异化学习结果，发现学生在学习过程中处理信息的水平呈现浅层和深层的差异。当学生使用浅层学习策略时，只能获得对问题的浅表回答，学习过程表现为机械地死记硬背；当学生使用深层学习策略时，则能关注到文章主题和主要观点。两位学者由此提出了深度学习的概念，指出深度学习是一个知识的迁移过程，有助于学习者提高解决问题并做出决策的能力。

此后，许多学者和教育研究组织纷纷开始对深度学习开始研究，在世界各地掀起了研究热潮。美国教育研究会（America Institutes for Research）将深度学习细化为认知、人际、自我三大领域，形成了深度学习在领域维度与能力维度的兼容性框架，如表3-1所示。

表3-1 深度学习在领域维度与能力维度的兼容性框架

领域维度	能力维度
认知领域	掌握核心学术内容，具有批判性思维和问题解决能力
人际领域	有效沟通，协作能力
自我领域	学会学习，协作能力

从此表中可以看到，深度学习是针对教学实践中存在大量的机械学习、死记硬背、知其然而不知其所以然的浅层学习或者虚假学习现象而提出的。深度学习主要体现了5个特征：学生学习是投入积极的，情感是愉悦快乐的；是基于理解的学习过程；学习活动和认知能力处于较高认知水平层次；在整体性学习的背景下，学生在各种知识和现象间建立联通关系，逐渐建立自己的知识体系；具有创造和批判的思维行为，能够解决基于真实场景下的生活问题。国内学者黎加厚认为，深度学习是指在理解的基础上，学习者能够批判地学习新思想和事实，将它们融入原有的认识结构中，能够和众多的思想（知识或概念）进行联系，并能够将有的知识迁移到新的认知中，做出决策和解决问题的能力。

今天我们的课堂教学改革已经做出了很多努力，但是弊端或问题依然很多，如学生学习的主体性还没有充分体现，学习主动性还没有充分激发，学科思维和本质还没有充分落实，过多地传授知识和事实，等等。深度学习的研究和实践正是能够解决这些问题的途径和办法，是课程改革走向深入的必需。

"5E"教学法最早源于生物学科的教学，是由美国生物学课程研究学会（BSCS）开发出的一种建构主义教学模式，后因其完备的实用性受到了教育界的高度关注，是美国科学课堂的主流教学方法。5个"E"具体为参与（Engagement）、探究（Exploration）、解释（Explanation）、详细说明（Elaboration）和评价（Evaluation）。因为5个学习阶段都以"E"开头，所以又被称为"5E"教学模式。

"5E"教学模式的每个教学环节都充分挖掘了学生的主体地位，激发了学生的认知兴趣和思维，强调学习的过程，突出知识的创新和应用，与深度学习的理念有着异曲同工之妙，不仅能够为国内科学教育提供启发和借鉴，而且能够促进深度学习的落实和实践，促进科学教育的变革和学生科学素养的培养。

二、"5E"教学模式的教与学

"5E"教学模式主要应用在科学学科，科学体系主要由若干个核心概念和知识组成。此模式强调以学生为中心，通过运用调查和实验的方法解决问题，强调通过小组合作学习促进学生对科学概念的理解和知识的建构。

（一）参与：激发学生参与和探究兴趣

这个环节是"5E"教学模式的起始环节，类似于教学导入或者暖场铺垫，目的在于激发学生对学习任务产生兴趣，驱动学生主动进行学习和探究，并提出所要学习的关键知识，与已有的知识和经验发生联系，为探究做好准备。

教师的主要任务是创设问题情境来激发学生的学习兴趣。这里的问题情境要坚持3个联系：与学生的现实生活联系起来，与课程内容和教学任务联系起来，与原有的知识和概念联系起来。情境中的问题能够吸引学生，引起认知冲突，从而激发学生主动探究和认知思维，主动建构知识的兴趣。这样的问题通常是基于现实世界的问题、复杂的问题或者开放型的问题。

学生的任务是专注倾听，并对新知提出问题和自己所感兴趣的地方，并通过对于教师问题的回应和对自己的问题的确证找到自己理解的切入点。

（二）探究：深入持续开展探究

这一阶段是该模式的中心环节，知识的获得、技能技巧的掌握都在本阶段完成。在探究的过程中，学生是主体，教师的作用是引导和帮助。此环节主要目的是使得学生开展真实和有效的探究，经历和学习关键概念，习得新的技能，并获得研究、探寻和提问的体验，还在反馈和检查中掌握知识内在的关系，获得理解性发展。实验研究、场景研究、动手操作是此环节中经常出现的教学任务。

教师的角色是学生学习的促进者和观察者。教师要能够倾听学生的声音，分析学生的行为，并及时提出针对性的问题反馈、跟踪和调适，确保学生能够有效、正确地开展探究。教师要为学生提供思考和反馈的时间，促进学生思考和学习真实、高质量地完成。教师还要设计和鼓励学生开展合作式学习。学生只有把自己的经验拿来不断与他人的经验相互印证，观点才能不断丰富，判断才能延伸，思维才能逐渐清晰。

在此环节中，学生要针对特定的内容进行探究活动。他们要观察和分析现象、建立事物之间的联系、概括规律、识别变量。这是引入新概念或术语的重要前提。他们首先要成为一个好的倾听者，能够分享彼此的观点，但不是贸然地评判。学生要像科学家一样，记录活动过程和数据，并不时归纳总结。学生还要测验预言和假设，并在学习过程中不断形成新的预言和假设。一旦活动出现偏差，学生要调整修改，提出替代方案。由于学生进行了具体的探究活动，学生原有的概念、技能、方法等逐渐显现出来，为之后创造了便利的条件。

（三）解释：检验是否真正理解所学内容

此环节是此模式的关键环节，主要目的是进一步帮助学生在新的学习场景下理解关键知识和概念，巩固新旧知识和概念间的联系、理解，进一步将学习的知识转化为学生个体内化的经验和认知。这是使新概念、过程或方法明确化和可理解化的过程。此环节通常体现为小组内个体交流发言和小组代表交流汇报。

教师要提供充分的机会让学生描述和解释他们观察到的东西，并解释为什么会这样。要知其然，还要知其所以然。在此之前，教师通过各种指导，向学生解释如何对观察到的现象进行科学解释。"强有力的观点需要强有力的证据",教师要引导学生在解释时,将这些科学解释与学生从参与的探索活动中获得的证据联系起来,还要与学生已经形成的解释联系起来,形成充分的证据链和逻辑关系,并用科学术语来解释说明探究过程和结果,从而促使学生深刻理解科学概念。

解释是促进或者检验学生理解的重要方式。《追求理解的教学设计》一书提出了6个"理解侧面"。解释是检验学生是否理解所学的侧面之一。此书说道,解释是恰如其分地运用理论和图示,有见地且合理地说明事件、行为和观点,即学生能够解释事物是如何运作的,它们反映了什么,在什么地方相互联系,为什么会发生。也就是说,在教学时,要求学生们对一些问题给出自己的理解和解释,基于问题学习。

无论是组内交流还是小组汇报,学生都能够学习到他人思想中正确且精华的部分并内化到自己的思维中,尽可能地尝试根据自己的理解表达原理或概念;运用探究过程和结果,解释问题现象,分析结果原因;对探究的问题做出结论。教师能够从解释中了解学生对于概念和知识的掌握程度,并帮助解决问题,引导学生不断深入和正确理解概念。

（四）拓展延伸：学以致用促进知识和概念转化

此环节是新概念学习的延伸环节,主要目的是促进学生将新学习的内容用在新的或相似场景中,发展学生对概念的理解和应用技巧,使得学生扩充概念的基本内涵,并与其他已有概念建立某种联系,并能够用标准和正确的科学术语交流解释新的情境或新的问题。在建构概念的过程中,学生的观察、实验、操作、测量、记录等技能得到了训练,学生的推理、预测、分析、解释、应用的能力得到了提升。这些都是传统的、讲授式的教学模式中无法实现的培养目标。

在这个环节中,教师要创设和提供新的知识和概念应用场景,引导学生在知识理解和技能使用的基础上,能够运用知识、技能解决新的问题,获取和应用新概念和新技能，并与其他的知识、技能之间建立联系，建构知识网络。比如：在学习"蒸发带走热量"这一核心概念时，解释"人的皮肤汗液蒸发会带来什么感觉？""相同量的水放在不同形状的容器里，它们蒸发的速度会一样吗"等新的问题。

学生能够充分利用先前学习到的知识和概念，在新的近似的情境下运用、解释和解决问题。学生能够提出解决方案、做出决定、设计实验，并从证据中总结出合理的结论，并解决问题，从而在新的环境和新的问题情境中去实践、验证、应用和巩固。这是一个新概念不断获得深入理解、内化和应用的过程。

（五）评价：多元评价真实反馈学生学习

这是"5E"课堂的总结环节或者说是学习某个主题后的结束环节。主要是采用多种评价方式，例如教师评价、学生自评、小组互评等。从性质上来说，有过程性评价和终结性评价。过程性评价旨在发现学生是否掌握所学的知识和概念，具有诊断性和增值性的功能。终结性评价旨在评价学生是否达到教学目标的要求，所覆盖的范围是综合性的。因此评价的内容不局限于考试或测评结果，而应该更加重视探究的过程、学生的参与程度。

在这一环节中，教师需要观察学生如何应用新的概念和方法来解决问题，并提出开放性的问题评估学生对新概念和方法的理解，以及应用情况。教师还要通过提问、小组讨论、记录学生的动手操作能力、实验结果、展示报告和纸笔评价等多种形式，收集学生已经改变了的思维和行为的证据对学生进行综合评价。教师还要鼓励学生对自己的学习进行自我评估。教师应该根据学习内容和方法设计量规评价标准，从而更加客观地、全面地和真实地反映学生的学习情况。

"5E"教学模式也关注学生自我评价和评价他人的机会，为了更有效地练习评估，在教学过程中教师应该教给学生自我监控、自我调整和根据标准评价的策略。学习自我评价和评价他人有助于其更加清楚地认知知识、概念以及技能。

这5个教学环节既相对独立，又互相联系，形成科学课堂教学闭环。每一个教学环节背后蕴藏着独特的教学理念和价值。每个环节并没有提出或者规定一定的教学方法，而是更多地体现教学理念，引导教师在科学学科的设计和教学时要注重围绕学科本质，引导学生像科学家一样地思考和学习，引导学生深刻理解科学概念，培养学生的科学探究能力以及帮助学生实现概念转变和建构科学概念。这5个环节也与深度学习的三大领域技能紧密联系起来，能够促进学生在认知领域、人际领域和自我领域的发展，并能够有效解决科学教学中"重知识、轻思维""重结果、轻过程"的浅层化问题，有助于科学学科教学模式的转型和课程目标的落实。

第 4 章

成长新路标：
实现高效的提升

教育的目的是激发学生学习的动机，发展学生的潜能，形成积极的自我概念和价值观，最终使学生自己能够教育自己。

——心理学家　卡尔·罗杰斯

我们拼命学知识，可我们恰恰忘了最重要的知识

每年学生会迎来两次长假：暑假、寒假。按理说，假期是学生休息、放松和调整的时刻，可以肆意地睡懒觉，睡到美梦惊醒为止；可以来一次说走就走的旅行，尽情畅游祖国的大好河山；可以躺在沙发上"追剧"，随着剧情笑得前仰后合。然而，我们众多的学生却不是在补课的路上，就是在补课的教室里。

一、我们学习的不是最重要的知识

如今，无论是假期还是平时，很多家长纠结的不是补不补课的问题，而是补什么的问题。不少家长想"弯道超车"，让孩子提前学下一学期的知识，认为如果孩子提前补课、先行一步，新学期就可以超越其他同学了。还有的家长患有"休闲恐惧症"，见不得孩子空下来。孩子如果不学习，大人就感到无所适从。所以，一场接着一场、密密麻麻的补课安排，成了很多孩子假期的"标配"，孩子的暑期俨然成了他们的"第三学期"。

孩子在补习班里上什么？学的全是教材上的内容，上的是新学期教师要上的知识。当家长们看到孩子在补课——读着一首首语文古诗，背着一个个英语单词，学着一个个的数学概念，他们的安全感油然而生，因为他们坚信"知识能够改变命运"。

然而，这些知识真的是能改变命运的知识吗？人们对于知识的认识一直存在着误区，认为只有印在教材上的那些白纸黑字才是最重要的，所以父母

会骄傲于自己的孩子3岁时会背很多唐诗宋词，在4岁时会数数到100，等等。其实在孩子成长的道路上，还要学习另一种重要的知识，那就是元认知知识。

元认知知识是什么知识？是天文知识？数理知识？人文知识？自然知识？很多家长会有疑问。我们来"说文解字"。元，"始也。从一，从兀。""元"指起点、原点，也就是说学习者要回归自我，从自己出发，从根本出发。元认知知识，说到底是学会学习的知识，是学习者对自我目标、策略和结果的反思。对自己学习和认知能力的认识，通常被称为"学会学习"，即学生要学会自我指导、自我激励和反思，学习如何基于目标调整学习和行为。

其实，这个概念并不陌生。早在20世纪70年代，联合国教科文组织在《教育——财富蕴藏其中》一书中就指出："21世纪的学习者应该学会学习，终身学习是21世纪的通行证。"因此，各国教育工作者都致力于寻求培养学生自主学习能力的方法。

后来，元认知知识的概念又得到进一步强化和认识。"火"遍了全球课堂教学设计和评估的"布卢姆认知目标分类学"，在修订版中提出人类学习的四类知识。

第一类知识是事实性知识，是指事件、地点、人物、时间和信息，如历史事件中的人物、地点和过程，剧本里的角色、情节和背景。

第二类知识是概念性知识，是指结构化和系统化的知识，如不同地质时代的知识、物理学科里的定律和概念。

第三类知识是程序性知识，是指关于"怎么做的"的知识，如决定使用何种方式进行展示小组合作成果，考虑如何最快地到达目的地。

第四类知识就是元认知知识，也是指个体对自身认知过程的认识和意识，以及将学习与自身联系起来的知识。

不难看出，平时我们学习的绝大部分的知识属于"事实性知识"，尤其是我们在上补习班时，不是考试的考点不学，不是教材上的不学，反复操练"事实性知识"。只要稍过一段时间，学生就会忘得精光。只有学生自主学习的知识才是真正有用的知识，因为他们知道在遗忘或者学习遇到障碍时如何去解决。

二、奇点时代，我们更需要这种知识

20世纪90年代，由于互联网的诞生，人类学习知识的速度远远跟不上信息技术驱动下的知识增量。知识和信息更新速度不断加快，知识量无限增长。据联合国教科文组织统计，近30年来所积累的科学知识占人类知识总量的90%。按这个速度，如今人类的知识总量仅为2050年知识总量的1%。按照知识图谱分析学家的判断，现在大学生一年级所学习的知识到四年级的时候已经被更新了。

这一巨变导致人类学习和教育方式发生改变。我们可以不再依赖课堂为唯一学习场所，可以不再依赖教师为唯一的知识来源。在不久的将来，或许人工智能要超越人类智能，互联网、大数据、深度学习、物联网等技术交互作用极大地突破了人类的极限，替代人类能从事以前根本不能从事的工作。

时代变了，我们学习的知识也要发生变化了，如果孩子只是天天花大量的时间去学习那些事实性的知识，无疑与时代发展的方向逆向而行。《世界是平的》一书的作者托马斯·费里德曼指出，学生必须获得终身学习的能力和决心，以便"真正适应"全球一体化的趋势。因为今天你懂得的知识，明天可能就没有用了。

今天的社会需要的将不再是拥有一技之长的专业学习者，而是那些拥有内在学习动力的人才。他们是自主学习者，对自己的学习负责，是拥有和运用元认知知识的高手。"脆弱知识综合征"是美国学者大卫·珀金斯针对学生知识掌握不到位的情况提出来的比喻。有时学生的考试成绩好像不错，或者背诵得头头是道，但是一两周后就拿不出更多证据来证明自己还记得那些知识，更不用说将所学知识运用于外部世界了。

三、电影《狮子王》的四类知识

我们平时经常会和孩子一样看电影，讨论、分享和复盘故事情节。以电影《狮子王》为例，谈论人物的名称、人物的关系、剧情的细节和人物的语言，甚至提到一些重要的话语，是谈论"事实性知识"。如果讨论的是复仇、善与恶的较量、生命轮回、自然规律等话题，则是关于概念性知识。如果先讨论电影的剧情，再考察人物关系，探寻剧本作者传递的信息，最后考虑剧本的写作方式和文化背景，就是在学习和讨论程序性知识。

第四种方式是同样把《狮子王》看作是电影的样例，也有一套理解、分析和欣赏的方法，但是要求孩子在运用这些工具时保持自我反思的心态，联系剧中人物，思考自己的志向和观念，将复仇、善良和生命等话题与孩子个人联系起来，如探讨"什么是真正的复仇？是不是当有人在学校里欺负你，一定要复仇？善良意味着什么？你是否真的做到了善良？"等问题。

由此可见，元认知知识是关乎孩子的成长、孩子自身与所学知识的关系，以及孩子自身发展的知识。只有当知识与孩子自我联系起来时，才会被他们认识得更深刻。因为学习的根本任务是为了改造自我，促进自我的成长。元认知知识的意义和价值就在于此，所以不管学习多少事实性知识，当它们没有转化、内化成为个人的收获时，只是徒劳而已。

四、元认知学习关键是自我管理学习

仅仅让孩子能够将学习的内容与自己生活和成长联系起来，这个维度还不够。有些孩子学习成绩不理想，并不是因为不够努力，而是他们没有找到自己的成长密码，不会监控自己的学习，无法找到自己的问题所在。

元认知，简而言之，是对学习目标的设定、学习管理的监控和管理。其核心词是监控和反思。再讲得直白点，就是知道学习时遇到障碍或者困难怎么办。我们在阅读英语文章或书籍时，常常会碰到"拦路虎"——生词，有些孩子会无视这些词直接跳过，这样会影响词汇的积累和学习以及阅读理解，有些学生会查字典或者向教师、同学请教，还有些学生会根据上下文或者语境猜测、推理。

这三类学生从不同方面反映出元认知知识的掌握和应用情况。第一类学生根本不具备元认知知识和方法，对学习中遇到的问题视而不见，时间一长，势必会影响学习效果。第二类学生拥有"惰性"元认知知识，有困难会求救，但是不能从根本上解决问题。第三类学生则熟练掌握学习的元认知知识，知道在阅读过程中碰到生词，该如何根据学科本质解决问题。解决问题的过程是英语学习和提高的过程，不仅仅是词汇学习，还有理解、分析和迁移，这是学习英语的核心能力。

所以，学生一个学期下来，不要去"下猛药"，花大量的时间去补课，而是应该花一定的时间，去思考和确定自己知识薄弱或欠缺之处，或者不会应用之处，然后想方设法地去建构完整的知识体系和应用体系。

很多学校和学生流行错题本，是不错的学习方法。可是还是有很多学生辛辛苦苦花了时间去记录和抄写错题，但见效甚微。原因何在？因为错题本是反思的形式或产物，复盘和反思才是学生学业进步的关键。如果学生写满了厚厚的错题本，却缺乏复盘、理解和反思，多数只是浪费笔墨和纸张。背了无数篇英语课文，而没有学习和掌握其中的英式思维结构和句法，又缺乏迁移训练，多数效果不好。

具有元认知知识的学生，如果学习时间安排不合理，借助元认知可以优化学习计划。如果他学习动机不强，可以借助元认知调节他的学习目标。如果学生数学知识都掌握了，就是不大会解题，那就让其反思自己的思考或者解题过程，借助元认知优化他的解题策略。

五、从制定目标起开启元认知学习

培养孩子具有元认知知识的目的是培养他们对学习的规划、监控和调节的能力，对自己的学习负责，成为终身学习者。孩子具有元认知知识，即使他们忘了所有在学校学习的知识，依然能够在未来不确定的世界中生存和生活。

《三国志蜀志·马谡传》中说道："用兵之道，攻心为上，攻城为下；心战为上，兵战为下。"父母和教师要从小培养孩子独立自主的能力，在学习上更要如此，不要孩子的成绩一退步就找教师或者到教育培训机构补课，而是应该让孩子反思学习过程中存在的问题，自己的问题自己去解决，做自主学习的管理者。

制订计划是元认知知识最重要的内容。1979年，哈佛商学院的学者们做了一项研究。他们选择了一个班级做实验，请学生们为未来规划目标，结果是：84%的学生没有任何目标；13%的学生有目标，但是没有具体实施的步骤；3%的学生既有目标，也有具体实施的步骤。

10年之后，哈佛的学者们继续追踪那些当初调研的学生们，他们发现，13%的人群（有目标但是没有具体步骤）的收入，是84%人群（没有任何目标）的2倍之多；3%的人群（既有目标也有具体步骤）的收入，是其余剩下的97%人群的10倍之多。

对孩子来说，无论在学习上、生活上，还是未来在工作上，如果希望他们将来有更大成就的话，培养他们的计划感很重要。当一个新的时间节点即将到来时，考虑让孩子制订一项计划，或者许下一个愿望，或者全家一起坐下来，讨论要做些什么。这个时间无论长短，可以在新学期到来时，假期到来时，甚至每天早上起床时，明确要做的事，或者需达成的目标。阅读书单也是隐形的计划，当我们拥有一份阅读书单时，其实就是制订了一份阅读计划，知道一年、一个月或者一周应该读哪些书。

目标感也是生活意义的所在，或者说是希望所在，会召唤人们不断前行和努力。即使有时疲惫了，也会鼓起勇气或者振奋精神，继续前行。

当然，有了目标还是不够的，还要有清晰的行动计划。这是一个人未来能否成功的关键因素。一个能成功的人，总是意志坚定，能够消除影响成功的障碍，严格地执行计划和安排的人。家长和老师可以利用日常事务表、生活计划表、运动计划表、学习计划表，或者阅读计划表等模板，帮助孩子做好计划。当孩子没有完成时，一起分析原因，然后再制订和调整计划，直至执行为止。一次又一次地制订和讨论，是帮助孩子树立自己是学习主人的意识。

要执行好计划，关键是学会执行。把良好的计划变成孩子的现实，就跟学习需要预习和复习一样，要让孩子每天能够把计划牢记在心，在每天执行之后进行检查。只有如此，孩子才能不停地督促自己，持之以恒。

最后，将驾驶和元认知知识做个比喻：一名优秀的驾驶员，清晰地知道目标在哪儿，在行驶过程中总会听听发动机的声音，觉察是否有异常；遇到路堵的时候会调整线路；到达目的地后，一定要四处看看车况。他在整个驾驶前后的反应就是元认知知识的应用。你的孩子是否也是"优秀的驾驶员"呢？

懂得"连接思维",掌握未来学习主动权

当下,教育给予"未来"前所未有、超乎寻常的关注,人们纷纷畅想未来的学校和教育模式,希望教育能与时代保持同步。

回想30多年前,真是信息时代的"刀耕火种阶段"。1983年1月,ARPANet(注:为互联网前身"阿帕网")和美国国防部才正式使用TCP/IP标准,互联网刚刚起步,还远未"飞入寻常百姓家",只由科研机构和军队使用。而今,我们已经步入移动互联时代,呈现智能化和交互性等特征。无人驾驶汽车开上了马路,家里的门能够识别主人的声音自动开门。人们对于"未来"的界定越来越困难,理解越来越迷茫。我们在思考和憧憬未来的时候,"未来"已经风驰电掣,绝尘而去,成为"历史"。

然而,冷静分析人类的历史,我们可以发现,有一股社会力量在有力推动社会发展,那就是"连接思维":物与物的连接、人与人的连接、人与物的连接。

在人类茹毛饮血的时代,大规模的社群联系和迁移很少发生,人们严守方寸之地,拒绝连接和交往,生产力非常落后。之后,人类开始迁移,发明开始出现,每一次技术革命都是人类进一步互相连接和密切联系的表征。今天发展到互联网时代,人类其实从来没有在这样一种互相联系中生活过——"你中有我,我中有你",连接已经融入骨髓经脉、血肉肌理。

人的个体发展也同样如此。一方面,人内部本身具有系统性和连接性,只有人的头脑、精神、心灵和身体系统发展和相互关联,才能成就一个"健康"的人。而我们逼迫孩子拼命"刷题",到处补课时,却忽略了他们成长

系统内部的连接和贯通。还有一方面，孩子的成长是从自然人到社会人的过程。缺少与外部世界连接的孩子，常常是脆弱和单薄的。

因此，人的社群交往和与外部世界的连接尤为重要。就像脸书（Facebook）创始人扎克伯格在哈佛大学毕业典礼上所说的："我们都从我们的社群中获得意义，无论我们的社群是邻里社区还是运动小组、教堂或音乐团体。他们给我们归属感，让我们明白我们属于群体的一部分，我们不是一个人，社群给了我们扩大视野的力量。"

一、教育能应对时代的挑战和变化吗

十几年前，全球市值排名前五的公司分别是埃克森美孚（石油业）、通用电气（制造业）、微软（软件业）、花旗集团（金融业）、美国银行（金融业）。而今，取而代之的是苹果、谷歌、微软、亚马逊、脸书。这五家公司最鲜明的特征就是具有强大的、基于技术的人和物的连接系统。连接系统越强大、越细致、越顺畅，发展的潜力就越大。

在智能化时代，工作也正在发生本质性的变化。传统的工作正在快速消失，不为人所知的工作正在汹涌而来。未来工作的共性就是需要深度知识。深度知识不是简单地重复、复制原有的旧知识，而是在知识与知识之间建立联系，创生新的知识。知识连接越紧密，生命力就越强。

管理大师彼得·圣吉前不久提出了关于教育创新的新理念，那就是"万物互联"。学生需要理解世界万事万物的相互关联。在教育过程中经常发现，很多学生难以记住孤立的某个重要人物或概念定义，却能在生活场景的理解和应用中轻而易举地记住；很多学生无法熟记长篇累牍的经典名篇，却能在立体化的图文联想、连接中轻车熟路地将其"拿下"。

二、学习真的必须在教室里发生吗

很多知识，如果没有发生连接，从割裂的视角来看，是没有生命的、枯燥而毫无意义的。即使学生今天花了很多时间去记忆和背诵，过几天常常会忘却。对于社会来说，知识的总量并没有增加，而是越来越陈旧，更不要说创新知识。

知识的连接常常是因为人与人连接而产生最大的效益。这就是团队合作的力量，知识的互补性和创造性就在团队合作中应时而生。

因此，一所学校应该与外部世界保持积极的连接才会焕发出勃勃生机。这个外部世界是人类文明和创新的整个世界，是学校保持生机的源泉。创新企业、社区、工作、政府部门、大学、自然世界、博物馆等，这些力量会不断滋养学生的成长，促进学生自我系统与社会系统的连接，激荡共生，良性互动。

目前，一种新型学校方兴未艾，那就是博物馆学校（museum school）。此类学校以博物馆教育与学校课程连接为标志，有效利用博物馆资源，把正式教育和非正式教育结合在一起。有的甚至直接将学校办在博物馆里，馆内展示场所就是学生学习的课堂，藏品就是学生的学习资源。例如，怀俄明州的大激流公共博物馆学校，就将学校办在博物馆里。这所学校的办学方式也很另类：教师直接将课堂搬到展厅，学生学习数学中黄金分割点时，厅内的古建筑模型就是现成的教具。历史课上，他们从展品中追寻历史的足迹和脉络。每一学期还安排一周时间，学生不用到教室学习，就在博物馆内进行主题探索，等等。

还有如今非常火爆的STEAM课程，也是不同学科间知识连接的学习方式，学生在项目化制作和学习中，从生活世界的现实问题出发，用科学、数学、工程、技术和艺术的知识去动手实践。这样的模式下，学科间的壁垒不再存在，边界变得模糊，不同学科的知识以问题或主题为核心，相互连接、融合、贯通，使得学习不是简单地学习知识，而是创造知识。

三、在"连接思维"下，教师职业将迎新挑战

可以说，信息技术的发展已经从根本上改变了人们获得、储存、交流和

使用信息、知识的方式——这一方式对教师的角色同样提出了挑战。有一种观点甚至认为，以后学校将不再存在，教师的职业也将消失。其实，这种观点危言耸听，忽视了智能化、连接化教育的本质和核心。在"连接思维"的教育方式下，教师的作用变得尤为重要。

当学生与学生坐在一起，"连接"不会自然而然地产生，需要教师去协调。跨学科教学时，缺乏人的连接和介入，知识依旧是冷冰冰的。教师的价值是在茫茫的知识海洋中寻找有整合价值的教学内容，具备这样的驾驭能力不仅要有学科知识，还要有跨学科整合能力。对教师的专业素养要求远远超越传统意义上的教师素养。当我们强调学生个性化学习的时候，教师的设计显得尤为重要。在连接思维的教育模式中，教师依旧处于中心。

"教育是什么？是一棵树摇动另一棵树，一朵云推动另一朵云，一个灵魂唤醒另一个灵魂。"这句话，不管处于何种时代，永远都应该被教师奉为圭臬，永远不会过时！

原文载于2017年9月15日《文汇报》，有修改。

成为积极的阅读者，如同酿酒一般

培养积极的阅读者是国际阅读教学的风向标。这与当今世界核心素养课程改革的指向是一致的。在知识经济时代，终身学习型社会潮流已经汹涌而来，阅读的意义在于工具性和价值性。工具性是我们通过阅读自主获取知识，参与社会交流；价值性在于阅读亦是人自身的乐趣和追求，通过阅读涵养人性，提升智性，丰富个人的精神世界。

一、积极阅读是一种生活姿态

如今阅读越来越受到重视，阅读是网络上关于教育改革的热门话题之一，也是家长和教师关注的热点，更是社会资本追逐和商业资本圈地的对象。产生这一切的重要动力来自中高考阅读改革的推动。但是，很多时候我们缺乏对阅读者主体的研究和关注，忽视对阅读者的阅读规律和思维的研究，在某种程度上我们还是把阅读的目标放在"考试"上。阅读者阅读动机的激发、阅读习惯的培养、阅读方法的教学及阅读思维的培养都比较欠缺。只有这些问题解决了，才能解决阅读的问题，才能培养积极的阅读者。正如语文特级教师张祖庆对《南方周末》记者所说："唯有上上下下回到人的言语发展本身，以更加开放、包容的姿态，多一些引导、多一些促进，良好的语文生态，才能重建！"

什么是积极的阅读者？学生在校园里阅读，是一种学习的课程；他回到家阅读，则是学习任务，或者是兴趣爱好。一个人走上社会，还会心心念念地想着买书和看书，是一种生活姿态。他爱阅读，因为他认为一个人的安身立命断然是离不开阅读的。无论他的精神生活还是他的日常生活，一定是丰富的。世界上成功人士通过阅读获得成功的例子也很多。他们通过大量阅读来丰富他们的知识结构，获取对于时代敏锐的感知，从而使得他们勇立时代潮流，与时代同频共振。

积极的阅读者对于阅读的态度是积极的，生活是积极的和开放的，心态也是开放的、好学的，乐于接受新鲜的事物，也很少会将自己禁锢在自我的世界里。因为有了阅读，他们常常感触世界之大、时光之瞬、人生之美。积极的阅读者不仅在读书的问题上非常积极，更重要的是他们的思维是积极的，不是停滞的。思考是积极阅读者的主要标志。PISA考试的测试内容主要是三个部分：获取信息的能力、解释信息的能力、反思和评价的能力。第三部分是阅读的最高层次，需要阅读者进行对文本开展批判性思考，鉴别评价。这就是积极的思维，而不是被动地接受。

积极的阅读者会从一篇文章读到另一篇文章，会从一篇文章读到一本书，还会从一本书读到另一本书，最后读到一堆书，这才是读书人最终的姿态。这是一种叶脉式的阅读，也是《如何阅读一本书》中讲到的阅读最高层次，是主动阅读。积极的阅读者一定是主动的。

积极阅读者的脑袋里一直装着"警示灯"，在阅读过程中读不懂时，"灯"会亮起来，提醒自己没有读懂，该想办法解决。积极阅读者还总会不断地开展对话，与文本开展对话、与作者开展对话、与自己开展对话，并始终在提示自己：作者想要告诉读者什么？我的理解是什么？与生活和现实有何联系？如何批评性地思考作者的文本？积极的阅读者会在阅读中主动运用预测、关联、想象、提问、总结等策略。指导策略是达成阅读目的的一种手段。在一个积极阅读者的眼中，一本薄薄的书可以读得"很厚很厚"一本古代的书亦可以真实地烛照当下现实世界，一本他者的书籍中可以真切地读到自我的世界。

二、要学生爱上阅读，就要像酿酒一样

雒宏军曾说，阅读并非与生俱来的天性。阅读习惯需要培养，是阅读期待不断满足而又提出更高期待，最终成为"习性"的过程。科学研究也证明，人的大脑并不是天生为阅读而生的。一个人的阅读大脑的打造需要数年甚至十几年的努力和坚持不懈。要培养积极的终身阅读者，工夫要花得更多，系统性也会更强。

一坛好酒通常主要依赖4种元素：粮食、水、时间和酒曲，缺一不可。如果要培养学生成为积极的阅读者，也主要依赖4个元素：文本、阅读量、指导和环境。其实酿酒和阅读很相似，文本就是酿酒时的粮食，阅读量就是时间，环境就是水，而有效科学的指导就是酒曲，起到发酵和催化作用。

（一）读优秀的书

人的生命，与书籍的种类和数量相比，实在是太渺小了，而且在信息化时代，信息、知识和资讯以前所未有的速度在激增，人类已经彻底告别知识线性、单维发展和缓慢累积的历史，正在进入知识迭代和更新的极速时代。书籍如同知识一样，变得让人无所适从。这就需要我们去伪存真，寻觅优秀的书籍，在有效的时间接触最卓越的思想和知识。

经典的书，一定是优秀的书，是世界上那些优秀思想的凝练和浓缩。它们历经了岁月的淬炼和挑选，也接受了价值的拷问和磨炼，它们是一座座人类知识、思想和文化的高山，巍峨、壮丽却又深奥、诡秘。要培养积极的阅读者，一定要让他们披沙拣金，读那些经典的著作和文章。唯有这样，才会在最短的时间内接触那些最伟大的灵魂。

（二）阅读量是一道必须跨过的坎

量变引起质变。学生在大量的阅读中增强对于语言的敏感性以及培养阅读的兴趣。义务教育阶段语文课程标准对课外阅读量有着明确的规定：小学一二年级课外阅读总量不少于5万字，三四年级要达到40万字，五六年级是

100万字，初中学段则不少于260万字。九年合计要到达400万左右，因而这400万是一名合格初中生的阅读量标配，也是成为积极阅读者的基础。

要解决这400万文字量，其关键是一个习惯，并不需要太多的时间。国家教委前主任柳斌曾说，只要一个学生每天能够读一篇千字文就能解决量的问题。一天1000个字，一年就是36.5万字，中学下来，就能接近400万字。那读1000字要多少时间？按照一般速度算的话，10分钟算最多了，所以如果说与家庭作业的完成相矛盾的话，纯属借口而已。阅读量这件事，极大程度上依赖课外阅读和家庭阅读。

（三）阅读环境很重要

"蓬生麻中，不扶自直。"阅读环境对于积极阅读者的培养很重要。尤其低龄孩子，常常需要在现实世界中看到成长的榜样，好的阅读环境常常会滋润他们，让他们感受阅读的力量和快乐。

阅读环境，如同一个人成长的外部环境，是由诸多环境组成的。世界上任何一个阅读发达国家，从上到下都重视阅读，具有完整的阅读教育体系。阅读是国家教育战略和人才培养战略的组成部分。

家庭阅读环境不仅仅是书籍、书架和书房，更为关键是"软环境"，是亲子共读。与孩子成长道路上所有的教育一样，父母亲子阅读的榜样力量是无穷的。亲子阅读将父母与孩子紧密联系在一起，可以增加彼此的情感，还将阅读与家风联系起来。相信在亲子阅读氛围中长大的孩子，在以后对于童年、家庭的回忆里，阅读是重要的一部分。

（四）指导让大脑愉悦、思考和理解

阅读有时是枯燥的，没有意志力的学生常常会放弃，而且不是每个学生都有阅读的天赋，家长和教师的指导作用必不可少。指导其实有两个作用，首先是激励和鼓励，激发学生阅读的动机。与此同时，阅读过程中的激励还能培养学生的愉悦感和成就感。愉悦感和成就感是激励学生持久阅读的动力系统，毕竟学生的自主和自控尚未成熟，尚未能抵御外在诱惑，有时游戏、电视和网络比书籍更具吸引力。

其次，指导的目的是引导学生不断理解文本，并与文本开展积极的互动，进行高质量的阅读。如今大家对读什么非常关注，但是如何读，怎么读，却很少涉及。《南方周末》前不久刊发《关于统编教材的争鸣与回应》一文，文中杭州谷里书院创办人、特级教师张祖庆说："世界观、价值观、人生观的形成，离不开教材的熏陶，但绝不仅仅只是教材。小学阶段的语文学习，要把学生热爱阅读的习惯培养和批判性思维品质锤炼放在首位。"

习惯的培养和批判性思维的培养，是需要方法指导的，是需要认知策略发挥作用的。无论是教师还是家长，都需要指导学生积极地响应文本，应用多种阅读策略和方法对文本开展积极意义的建构。在本人《如何让学生爱上阅读——培养积极的终身阅读者》一书中，系统地介绍了国际上阅读方法的应用和阅读策略的指导，列举策略加起来有数十种。

统编《语文》教科书总主编温儒敏也谈到，要教给学生读书的方法。除了精读，还有浏览、猜读、跳读、群读等，都是有用的，也都需要给具体方法。但是现在的语文课对此很少关注，专家也很少研究。这是个大问题。这也是积极阅读者培养的关键。如果阅读者能基于不同的文本，灵活运用各种阅读方法和策略，并开展批判性的思考和现实性的观照，那他一定是积极的阅读者。

打开阅读的黑箱，让你知道阅读认知的过程

我们阅读的时候脑子里想些什么？人们是如何学会阅读的？是什么促使一些人比其他人更愿意阅读，网络阅读和纸质阅读一样吗？……这些问题的答案揭示着阅读的秘密，揭示着人类似乎平淡无奇却革命性的学习行为的密码。

弗吉尼亚大学的认知心理学教授丹尼尔·威灵厄姆，多年来执迷于阅读认知的研究。认知心理学家通常通过将大而令人畏惧的问题分解成更小、更易管理的问题来解决。威林厄姆在他的《心智与阅读》一书中，通过认知方法帮助读者理解阅读的思维过程，并一步一步地为读者确立思维发生的过程。他巧妙地描述了孩子从看到一个单词到读完一篇文章的一瞬间内所发生的一系列令人难以置信的复杂事件。

威灵厄姆建构了阅读的认知模型，把认知的流程定义为从掌握文字和声音开始，逐步发展到意义和单词的形成，然后把单词变成句子，最后句子变成阅读理解的过程。此外，作者还探讨了数字平台在形成认知方面的差异，讨论了纸质阅读与数字教科书的利弊。

"威灵厄姆抓住了阅读的魔力，同时也揭开了我们阅读方式的神秘面纱。在他带领我们从识别单个单词到从文本建构意义的过程中，他给我们带来了关键的实验结果。"牛津大学实验心理学教授凯特这样评论丹尼尔的阅读认知学。

一、用声音和视觉解码

写作和阅读的目的是跨越时空交流思想。用图片或符号书写需要太多的记忆，因此，人们开发了基于声音的解码系统，将构成口语的声音写下来。

威灵厄姆提到：基于声音的解码需要三件事：① 区分字母的能力（比如看b和p之间的区别）；② 辨别声音或者音素的能力（听b和p的区别）；③ 关于哪些声音与哪些字母或字母串搭配的知识。

第二件事情通常会成为孩子阅读的绊脚石，可能是孩子们感觉最难的。当孩子们在学习解码方面真的有困难的时候，很可能是因为他们在音位意识上有困难，或者听不到声音之间的差异。对苦苦挣扎的读者来说，语音意识是最大的绊脚石。他说："如果阅读是符号和语音之间的代码，那么如果你听不到语音的声音，就很难学习这段代码。"我们必须理解字母对应于被称为音素的语音。能够分辨不同的语音与阅读的成功有关。这提醒我们，类似自然拼读的语音教学对培养孩子的语言能力和阅读能力至关重要。

威灵厄姆的研究证实了从出生起就向孩子们大声说话和朗读的重要性。即使是简单的童谣，也可以帮助婴儿的大脑开始做出声音区分，并创造出音素意识。这是阅读准备的重要组成部分。词汇的积累始于家庭。他说："词汇学习是渐进的过程。一些研究人员甚至认为，大多数儿童在两岁左右表现出的词汇爆炸式增长实际上已经持续了很长时间。"

针对性的阅读准备技巧是必要的。与婴儿对话，帮助婴儿辨别声音，就像押韵和玩文字游戏一样。早在9个月的时候，婴儿就能辨认出一些单词。通过不断的交谈来积累他们的词汇量是很重要的。成年人可以通过标志指出字母，帮助孩子认识到字母是有意义的，并且是无处不在的。

还有些技巧包括让阅读成为家庭日常生活中有趣和有益的一部分，同时也为孩子们创造他们想要读书休闲的环境。在孩子开始阅读的年龄，更重要的是鼓励孩子丰富的自然好奇心，帮助他们获得常识。

二、背景知识是阅读理解的支架

通常来说，大脑用3个过程来理解一个复杂的文本：从单个句子中提取想法；把句子和它们所传达的概念串在一起，以建立顺序意义；最后形成一个整体，加深对文本的理解。较强的口头语言技能，对句法和用法的理解可以帮助读者更深入地理解。但当读者阅读更长、更复杂的文本时，需要更多关于这个主题的信息，以帮助他们理解意义。

无论是关于主题的知识，还是关于整个世界的知识，背景知识对于帮助读者理解一篇文本起着重要的作用。因为读者利用已经知道的东西来理解新事物就像在脚手架上工作一样，可以在此基础上建立一个更完整、更细致的主题心理模型。

威灵厄姆说："把句子拼凑在一起是理解的非常重要的部分之一，也是学生通常难以理解或无法理解的部分。"理解句子需要理解一个句子与下一个句子的关系。当我们读句子时，则建立了一个"想法网"。如果读者不能用句子连接思想，那么就很难建立这样的网络。对世界知识的丰富理解也有助于阅读和理解句子。知识渊博的读者可以想象写作者省略的细节。事实上，读者对书面材料的背景知识越多，阅读理解能力就越好。

他在书中举了这样一个例子："早晨的降水使人行道结冰。凯拉告诉她的孩子们要小心"要在句子间建立联系。读者必须知道，人走在人行道上，冰很滑。人走在滑的东西上会摔倒受伤，父母不希望孩子受伤。

鼓励学生广泛阅读是很重要的，建立背景知识，便于理解文本之间与外部的信息关联。

三、奖励并不是让学生多读书的最佳选择

在他的新书中，威灵厄姆还重新介绍了一些培养孩子阅读能力的方法，旨在培养孩子对阅读的热爱。他写道："奖励并不是让学生多读书的最佳

选择。"

研究表明奖励会适得其反。那些因为做了一项任务而得到奖励的人，可能没有那些同样的任务而没有得到奖励的人愉快。那是因为获得奖励的人把他们的参与仅仅归因于奖励。

为学生"为什么应该阅读"提供合乎逻辑的诉求，比如告诉他们阅读可以开阔他们的视野，或者在学校对他们有帮助。更为重要的是，人们对阅读的态度往往建立在情感的基础上，要帮助学生建立阅读的情感和体验。

为了培养积极的阅读态度，学生需要有积极的阅读体验。他们需要把自己看作读者。这是一种读者的自我概念，将自己视为读者，有助于保持积极的阅读态度，类似于积极的心理暗示，阅读就会成为一种经常性和可行性的活动。

除了能够随时随地阅读，拥有情感动机是很重要的。在良性循环中，一个人读的书越多，他的成就感就越好。成就感越好，他就越喜欢读书。他一旦喜欢上读书，就越来越喜欢读书。一个人过去在阅读方面的经历、作为一个读者的自我意识、期望阅读的价值（如令人愉快的、信息丰富的），以及阅读相对于其他可能的活动的价值，都会影响一个人阅读的可能性。

四、数字阅读来临时

随着数字文本和技术的普及，我们获得了新的、更灵活的阅读方式。我们是否仍在全神贯注地阅读呢？我们的大脑对屏幕上文字的反应与对纸上文字的反应不同在哪里？我们是否应该担心在数字阅读时注意力分散？

与纸质阅读相比，数字阅读在两个方面略微逊色。在大多数情况下，纸质书比屏幕上的文字有更明显的实体感。一本打开的平装本向读者展示了两个清晰的定义域——左页和右页，以及用8个角落来定位。读者可以将注意力集中在一本纸质书的一页上，而不会忽略整篇文章，人们可以看到书的开头和结尾。翻阅一本纸质书就像在路上留下一个接一个的脚印。它有节奏，也可以看出一个人走了多远。这是可见的记录。所有这些特点不仅使纸质书中的文本易于浏览，而且使其更容易形成一幅连贯的文本心理地图。

相比之下，大多数屏幕、电子阅读器、智能手机和平板电脑都会干扰对文本的直观导航，并阻碍人们在脑海中描绘旅程。阅读数字文本的读者只能一次点击一个页面，或者使用搜索功能找到一个特定的短语，但是很难在整个文本的上下文中看到任何一段文字。

还有一种遗憾是触觉体验，即与阅读相关的感官体验。电脑上的文字、电子阅读器上的文字以及任何触摸屏设备上的文字，都远比纸上的文字无形得多。纸质书是印刷的，而屏幕上出现的文字并不是设备的一部分——它只是一张短暂的图像。阅读纸质书时，你能感觉到纸和墨水，用手指把一页翻平或折叠，会发出独特的声音。用墨水画线或突出句子会永久地改变纸张的平面状态。

到目前为止，数字文本还没有令人满意地复制这种触觉。更重要的是，"屏读"阻止了人们以直观和令人满意的方式浏览长文。这种困难可能会微妙地抑制人们的阅读理解。

长期以来，人们对"纸读"和"屏读"理解的效果对比颇感兴趣，进行了广泛而深入的研究。明显的分歧通常取决于阅读的类型。根据2018年的一份报告，"信息"文本在屏幕上比"叙事"文本更难阅读。记忆复杂的事实或获得新的技能往往通过纸读更容易获得。

2013年，挪威斯塔万格大学进行了一项"纸读"和"屏读"的比较研究，要求72名阅读能力相近的10年级学生研究一篇叙述性课文和一篇说明性课文，每篇课文约1500字。有一半学生在纸上阅读课文，另一半学生在计算机上阅读pdf文件。之后，学生们完成了由多项选择题和简答题组成的阅读理解测试。在此过程中，他们可以阅读课文。结果是，在电脑上阅读课文的学生表现比在纸上阅读的学生略差一些。

研究者说："读者在纸质阅读时很容易就能找到开头、结尾、中间的一段，以及与你的认知不断联系。这可能是减轻认知负担的某种方式，因此你有更多的自由理解能力。"

威林厄姆的观点是，在关于阅读理解上，在屏幕上阅读会有点损害理解力，但是差异不是太大。不过，他还是建议限制年轻人花在屏幕上的时间。这样做可能有助于让阅读成为一个更有吸引力的选择。

在谈到长期接触数字科技的后果，威林厄姆说，并非无法集中注意力，而是无法忍受枯燥，我们总会期待听到、看到、读到有趣的内容，希望不需要怎么努力就能获得有趣的体验。当今青少年的枯燥临界值变得比上一代青少年低得多。而且，当人们在屏幕上阅读时，似乎不太愿意参与心理学家所称的元认知学习调控——比如设定特定目标、重读困难部分等。

五、阅读大脑并不是天生的

有些东西是我们自然学会的，也就是说，是人类数百万年进化的结果，最明显的例子就是理解口语。如果没有认知障碍或听力障碍，几乎所有的人类儿童都会通过在周围听别人说话来学习单词的含义。但是我们的阅读大脑不是天生的，书写和阅读只是几千年前才有的，发挥阅读功能的区域并不是预先连接的。我们需要通过重新定位大脑的某些部分来学习阅读——视觉处理、语言理解和语言生成。

这就需要练习。孩子每天要做的是一种自我引导的练习，类似于每天练习半小时后学习如何演奏乐器或投篮。威林厄姆曾经说过："如果没有长期的练习，就几乎不可能精通一项脑力任务。"他还提出阅读的建议：

（1）刻意练习。学生需尽可能多地听到和阅读各种不同类型的文本。

（2）精心指导。为了让大脑为在学校里将要遇到的日益复杂的文本做好准备，大多数孩子需要进行精心和密集的教学，以便尽早掌握核心阅读技能，如语音意识、语音、流利性、词汇和文本理解。

世界阅读报告：疫情如何改变人们的阅读习惯?

2020年年底，世界英语编辑网站发布了"2020年世界阅读习惯报告"，展示过去一年，疫情如何改变人们的阅读习惯，从各个角度讲述完全不同的阅读年度故事：这些故事包括不断推迟的图书发行、减少的书籍销售数量、阅读材质的转向、阅读内容的变化等。

一、印度位居全球阅读量首位

阅读是需要时间的。全球大部分地区从疫情之初，到2020年的相对隔离、禁闭状态，"隔离""减少社交活动""居家办公""线上工作"成为人们生活模式。许多人发现自己一下子有很多额外的空闲时间，有些人利用这段时间烤面包、做工艺品或玩电子游戏。

对于世界上的阅读爱好者来说，"隔离"是他们阅读的绝佳机会。他们将时间花费在阅读上，"花费时间"的英语是"spend time"，侧重于将时间用在一些习惯上。然而有些人找书、觅书、看书，是为了消磨时光，"消磨时光"的英语是"kill time"。无论是"spend time"还是"kill time"，阅读的时间肯定有所增加，从世界范围来看，35%的人由于新冠疫情增加了阅读量。

报告的亮点之一是阅读时间。世界各国人们的阅读时间一直是大众关注的热点，也是衡量一个国家阅读文化最重要的指标。此报告中，印度的阅读时间超过其他所有国家，以每周10.42个小时力拔头筹。

其实，这个结果并不令人惊讶。其实早几年的一次调查显示，全世界最爱读书的是印度人。《哈利·波特与混血王子》（英文版）在全球同步首发，一共售出1000万本，其中10万本在印度。

"请我吃饭，不如送我本书。"许多印度人交朋友笃信这一原则。在他们看来，与其外出吃饭浪费时间，不如送他本书看。在印度拥有26家图书连锁店的克劳斯沃兹书店执行总裁斯利拉姆曾经表示："人们有必要进行自我教育，应对生活中出现的变化。要做到这点就必须通过读书来充实自己。"

中国人的阅读量在报告中表现非常出色，仅仅低于印度和泰国，每周阅读达到8个小时。在这背后可能是两个原因：一是，中国一开始较好地落实了隔离、控制社交、减少社会活动等一些措施，因而人们有更多的时间去阅读；二是如今中国人越来越重视阅读，随着"知识经济"的到来，人们开始意识到读书的重要性。阅读已经成为全民话题，阅读活动层出不穷、阅读教学改革持续推进等现象彰显着阅读的重要性。

二、人们转向了数字阅读

由于新冠疫情，大量学校、图书馆和书店被关闭，人们不得不待在家里，从而导致纸质书籍的销售量大幅下降。与此同时，在线图书平台的数字书籍销量都有了相当大的增长。人们购买书籍的行为发生了重大转变：人们纷纷通过网店购买图书，这使得数字图书的销量急剧上升。据《出版商周刊》（*Publishers Weekly*）报道，乐天高博图书公司首席执行官塔姆布林承认，在这场危机中，新账户的注册量和购买量突然激增。

仅仅在2020年3月一个月里，就有15亿人浏览或者访问在线图书网站，与2月相比，增加了8.5%。3月正是世界范围开始采取封锁措施的时候。在美国，纸质图书销售量下降了38%，数字阅读量增加了33%。其他如新西兰、土耳其等国家都有类似的表现。

人们的阅读方式也随之发生变化，更多地阅读数字书籍或者有声读物，各种云阅读器应用也以一种新的方式进入人们的生活。正如数字书销量激增一样，有声读物的销量也随着时间的推移而上升。报告显示，全世界数字书籍和有声读物的阅读量平均增加了14%，西班牙以20%排名第一，中国以17%紧跟其后，意大利和南非并列第三，为15%。

三、内容呈现明显变化

人类阅读的视角从来无法与社会场景脱离，疫情使得阅读置于特定的场景，承担了特殊的功能。读者想要阅读的书籍种类发生了变化。随着学校的关闭，学习类书籍和非虚构类书籍等销量激增。人们利用这段时间来教育孩子，培养他们的阅读习惯，即使是成年读者也会重新审视自己的读书清单。

许多读者阅读书籍是想在这个前所未有和充满挑战的时代找到慰藉。对于那些能够专注于阅读的人来说，阅读更是一种逃避，提供了希望，甚至是赋能的手段。正如马塞洛在一篇关于阅读的文章中指出的那样，人们在压力很大的时候，阅读习惯和文学体裁偏好会发生变化——部分原因是我们倾向于在书中寻求安慰、反思和解脱，另一方面，许多小说都源于社会、政治和经济发生重大变化或巨变的时代。

正如报告指出的那样，关于隔离、疫情、封闭之类的书籍——无论是文字上的还是隐喻上的——是最受欢迎的，如《钟罩》《百年孤独》《十日谈》《瘟疫》，甚至还有斯蒂芬·金的《看台》等。在危机时刻，这些书籍不仅提供了同情心，也有另一项功能和作用：它打破了我们的孤立状态，让我们与那些在其他时候拥有类似经历的人的话语重新联系起来，将我们从噩梦中唤醒，或促使我们看到我们与其他人的相似经历。

过去的一年，人们阅读的书籍类型也发生了极大的变化。据《华盛顿邮报》报道，许多人寻求安慰的五大类型书籍是：反乌托邦、浪漫、自我疗愈、社会正义、儿童活动书。报告还指出之所以是这5种书的理由：当我们的生活似乎陷入一片混乱时，人们试图从书中寻找慰藉，让自己的思想远离事物。反乌托邦小说可以让人们沉浸在交替的现实中，而浪漫故事可以让我们沉浸在爱的感觉中，自我疗愈书籍可以帮助在这些困顿时期挣扎的人，关于社会正义的书籍可以帮助人们找到办法以解决身边困扰已久的不平等问题，孩子们的活动书对父母帮助孩子在家学习很有帮助。

还有一种变化是，人们把以前读过的书拿出来重读，因为故事很熟悉。在事物不断变化，恐惧充斥着我们生活的世界里，从熟悉的事物中找到慰藉是件好事。重读一本喜爱的书有助于读者避免任何悬念或不受欢迎的惊喜。也有人把以前买了却无暇眷顾的书拿出来阅读。疫情让人们有足够的时间消化那些书籍。

很多人以前一直是快速阅读者，总是急于把一本好书读完。或许是时间的足裕，或许是心境的改变，很多人阅读速度慢了很多，更愿意享受阅读过程中的快乐。美国专栏作家罗莎娜说："我放慢了阅读的脚步，有生以来第一次在平板电脑上突出显示句子和关键段落。我已经能享受我的阅读时间，放任自己独自长时间地徘徊在某些书籍的世界。"

国内的多份阅读报告也显示了同样的规律。疫情期间，瘟疫主题的经典图书的阅读量大幅度提升。2020年，京东文学类图书，如《血疫：埃博拉的故事》《大流感：最致命瘟疫的史诗》等瘟疫主题的经典读物的销售在2月环比激增190%。而且以往关注度较低的医学类科普图书，如《见识丛书·瘟疫与人》，2月的销量是其上市以来平均销量的10倍。

四、人们爱看浪漫主义小说

如同每年的书单一样，2020年的书单上，小说是不可或缺、极为重要的一部分。不过令人惊讶的是，根据这份报告，三分之一的小说是浪漫主义小说或者与爱情有关的小说。如果你认为浪漫主义是女性专利的话，那你就错了，报告显示，阅读这些爱情小说的读者中，15%是男性。

爱情通常是文学的主题。在危机时期，人们为什么阅读文学并与之联系？文学阅读多年来一直作为一种工具以保持心理健康。文学可以让读者通过叙事来表达和反映自己的感受，并邀请他们去探索与他们自己的问题有关的、可能的、虚构的场景。文学也能为个体读者提供一种审美意识，让他与其他读者以及书中的人物进行交流。

美国专栏作家罗莎娜在网上分享了她的阅读故事："我想读的故事类型也发生了变化。作为一名浪漫主义作家，浪漫主义小说一直是我读得最多的类型。然而，我也经常看惊悚小说，感受神秘和恐怖。但最近我一直都是看浪漫主义小说。我比以往任何时候都更想通过阅读来寻找逃避，但这种逃避必须给我带来希望和'从此幸福'的感觉。目前，我徘徊在我提到的那些书的世界里时，我需要它们成为令人愉快的世界。当然，冲突仍然应该是故事的因素之一。我喜欢冲突，但这些天我在寻找一种更安静的紧张气氛。"

爱情、罗曼蒂克等主题不仅带给在困顿中挣扎的人们以慰藉和希冀，还能带给人们轻松愉快和令人振奋的感觉。图书网站Draft2Digital显示，浪漫类和喜剧类书籍销量出现了不寻常的增长，尤其是与2019年3月至4月相比，谷歌网上"令人振奋的书"和"快乐的书"等主题的搜索也有所增加。

在中外各大网店畅销书排行榜上，《活着》《霍乱时期的爱情》《平凡的世界》《挪威的森林》《要塞》一直都名列前茅，折射出人们在艰难时刻对于美好事物的执着追求和深深向往。

五、珍惜和呵护阅读的价值

在疫情期间，我们见证了阅读抚平创伤、丰富精神的强大力量。疫情期间，一张方舱医院"读书哥"的照片引爆网络，给世界带来了一股清流，足以证明这一切。

在不同时期，人们阅读方式、内容和重点会有所调整和变化，但是阅读的价值始终不会变，而且在不确定的世界中会愈发重要。我们需要用阅读的方式来应对变化和挑战。在农耕社会，读书是人类获取知识，传承文化的最重要的方式。在科技高度发达的当今世界，我们获取知识的方式很多，但无法否认的是，阅读仍是一种最主要的途径。对于人类的文明传承，人们的心智成长，阅读更是具有不可替代的地位和作用。

科学旗号下的"量子阅读"真的科学吗？

有个阶段，一种叫作"量子波动速读"的培训课程非常红火。网络照片显示，参加培训的学生正在快速地翻动书页，隔着屏幕我们都能感受到速度的力量。该课程宣称可以让孩子掌握"一目千行，过目不忘"的本领，能在短短1～5分钟内阅读10万字左右的书籍。尽管课程价格不菲，高达3万～4万人民币，却有不少家长心甘情愿地掏了腰包。

量子波动是否真的有巨大力量，能提高大脑的感知力？一分钟内读完两万字的阅读技能真的存在吗？阅读真的可以通过"极速"培训走捷径吗？在"科学"旗号下的阅读是否真的科学？阅读的科学规律到底是什么？科学家的研究或许可以回答这些问题。

一、超过每分钟500个字母的阅读都是"假阅读"

现代人生活节奏很快：快速走路、快速工作、快速致富，也不可避免地将"快速"这个词与阅读联系起来，想要获得提高阅读效率的捷径，能在短时间内阅读大量文字，能在短时间内提高阅读能力。所以，以量子波动命名的快速阅读受到追捧，丝毫不令人感到奇怪。

脑科学家告诉我们，超过每分钟500个字母的阅读都是"假阅读"。斯坦尼斯拉斯·迪昂是法国认知神经学家。他数十年的研究发现，人类阅读速度的上限只能达到每分钟500个字母左右，这是由人的眼睛结构和脑部肌理所决定的。人的视网膜中央有一块称为'中央凹'的区域，会让人看清书上很小的字。但是中央凹非常小，只能容下9～10个字母，也就是说，人类一次只能看清9～10个字母。这个范围之外的字母都是模糊的，看不清的。

当人们看清9～10个字母后，眼睛会跳动，就是从当前聚焦的9～10个字母，跳到下一组字母。这样的眼跳，每秒4～5次，决定了阅读速度的上限只能达到每分钟500个字母左右。如果是中文的话，数量还应该会更少，因为中文词汇比起字母复杂得多。

人的另一项生理机制也决定了我们不仅无法读得很快，而且即使真的一目十行，也通常是无效阅读。迪昂告诉我们：起初，这些文字进入视线，只是一堆光影的组合，不能直接理解为语言符号，我们必须以一种可以理解的方式对这些视觉信息进行重新编码，才能提取出文字正确的发音、单词和意义，才能真正理解。

阅读的本质是理解。阅读能力的标志不仅仅是速度，更重要的是鉴别信息、理解文字和分析文本的能力。只有文字或信息进入人的阅读神经回路，发生编码，阅读才真正发生。所以，有人告诉你他能在几分钟内读完几万字的话，他一定是翻翻而已，假装在阅读。

科学家在研究后，也得出了类似的结论：阅读的速度和理解不能"鱼与熊掌兼得"。在阅读速度提高一倍的情况下，一般会影响人们对文章的理解，最重要的是，限制阅读速度的主要是语言能力，而不是眼睛的视野和移动速度。

二、阅读大脑的塑造是漫长的过程

科学研究显示，跟口语不同，阅读不是人类自然习得的本能，而是一项需要长期学习训练的技能。人类的基因并没有出于适应阅读的目的而进化，把原生态大脑改造成阅读大脑要长达十余年坚持不懈的努力才能完成。

相当多的实验证明，有经验的阅读者的大脑都会在左侧颞区打造出一小块处理文字信息的脑区，脑神经科学家称为"文字盒子区"。这个"文字盒子区"的形成是漫长的过程。"文字盒子区"只有在青春期初期才达到完全的成熟，而且是有条件的，那就是儿童要经常阅读，建构数量庞大的神经元回路，才能培养阅读能力，使得他们成为有经验的阅读者。在阅读过程中，每一位年幼的阅读者脑中的"文字盒子区"被激活并调动起来，整合出神经元层级编码系统。这一活动将广泛地激活整个阅读回路。人类的大脑里具有数百万的神经元回路，持久的阅读和学习才能使阅读回路真正建立。

所以，有些人不喜欢阅读，或者说不享受阅读的原因，很多时候是因为大脑中关于阅读的那些神经回路还没有建立、打通，或者中断了。阅读神经回路建立了之后并不是坚不可摧、永久存在的。如果不经常使用，神经元对文字的反应能力就会逐渐减弱、消失。所以，阅读本质上是塑造大脑和改造大脑的过程，是一个长期的过程。

正因为阅读大脑的塑造是漫长的，阅读研究者认为阅读量是培养孩子阅读能力很重要的维度。只有大量的阅读才能刺激大脑建立神经回路，掌握阅读技能，如同健身一般，必须通过反复提举重物才能促进肌肉生长。许多"阅读大国"对孩子的阅读量要求相当高。阅读能力的提高建立在大量阅读的基础上，叫作"量变引起质变"。

三、阅读障碍者是存在的，但是并不可怕

在世界各种语言系统下都会有一定比例的阅读障碍者。这个比例常常是5%～10%。这些人的智力很正常，与其他人一样正常上学和阅读，但是其阅读能力仍远远落后于同龄人的水平，致使家长及本人都很焦虑和痛苦。

如同每一片叶子是不同的，每个人也是不同的。人本身是存在着智能差异的。加德纳作为世界著名的教育心理学家，最为人知的成就是"多元智能理论"。该理论认为，每个人都拥有8种主要智能：语言智能、逻辑—数理智能、空间智能、运动智能、音乐智能、人际交往智能、内省智能、自然观察智能。每一个学生只会在某一两个方面的智能特别突出，而其他方面相对较

弱。阅读是语言智能的重要组成部分，所以在人群中总会存在着包括阅读能力在内的语言智能相对比较薄弱的人。但是很多情况下，这并不会影响人的成就和发展。

2019年诺贝尔化学奖得主是98岁的强恩·古迪纳夫教授。令人惊讶的不仅是他的年龄，还因为他还是一名阅读障碍患者。他自述道："对我来说，阅读是一件很困难的事情。在别人眼里，我就是一名落后的学生。"历史上有阅读障碍的人还有很多，如爱因斯坦、爱迪生、李光耀，他们幼时阅读磕磕绊绊，讲话也不是很流畅。但是这丝毫没有影响他们的发展，因为家长的支持、宽容和帮助，给了他们学习的信心。

北京师范大学有位教授长期从事认知神经科学与学习研究。他建议在儿童学习阅读初期，训练儿童对语音信息的敏感性。例如，将识字教学与儿童已有的口语经验相结合，在互动中锻炼儿童的口语能力，帮助儿童增加口语词汇量等，有助于促进儿童阅读脑的背侧通路的发展。

在学习阅读后期，家长和教师要通过默读、常见高频字词的阅读和简单短小篇章的快速阅读等方法，帮助儿童完成从依赖脑的背侧通路到依赖脑的腹侧通路的转变，训练儿童的阅读流畅性，促使他们成为熟练的阅读者。

四、阅读，如同孩子成长，是有科学规律的

中国有一句老话说："三岁看八岁，八岁看到老。"这句话在阅读上同样如此。国外阅读界有个共识，那就是八岁是儿童阅读的关键期和分水岭。八九岁之前是儿童阅读发展的第一个阶段，叫"学会如何阅读（learn to read）"。这个阶段的儿童，阅读能力表现在掌握和应用阅读的技术、方法和策略，知道如何阅读。到了八九岁之后，儿童的阅读阶段要开始"通过阅读来学习（read to learn）"，重要的标志是开始流畅地阅读，阅读各种各样的书籍，获取各种知识和信息，开始慢慢朝着终身阅读者发展。这样，儿童从"用知识阅读"逐步发展为"用阅读获取知识"。所以，世界上很多阅读素养

评估项目会将8～9岁作为重要的评估时间节点。

1983年，多伦多大学的教授斯坦诺维奇，借用莫顿的马太效应解释他发现的"早期英文阅读能力的差距导致孩子间的学术成绩进一步拉大"的现象：启蒙阶段阅读能力越强，孩子随后的学习能力越强；小学三年级或四年级之前还没有打下良好阅读基础的孩子，在学习其他技能方面终生会面临挑战和困扰。

我国著名教育家朱永新，依据孩子读教科书和课外书的情况，把孩子分成了四种类型。第一种孩子既不爱读教科书，也不爱读课外书。他认为，"这样的孩子肯定是愚昧无知的"。第二种孩子既爱读教科书又爱读课外书。他认为，"这样的孩子必然发展潜力巨大"。第三种孩子只读教科书不读课外书。他认为，"这样的孩子可能成绩不错，但是却没有什么发展潜力"。最后一种孩子是不爱读教科书，只爱读课外书。他认为，"这种孩子也许成绩不理想，但还是有希望的"。

从他的论述中，可以得出这样的结论：即使孩子在学校的成绩普普通通，但对阅读产生了浓厚的兴趣，养成了终身学习和阅读的习惯，可能比"考高分的孩子"走得更远。一个人在童年养成阅读习惯和思维的话，一般来说就会一辈子阅读，这就是人们所说的"粘漆"现象，想甩也甩不掉，自然而然地将阅读当成生活的一部分，而且对于他们今后的一生来说，受益匪浅。

还有，阅读的科学规律与孩子的身心发展规律常常是平行的，缺一不可，也就是阅读指导要符合学生的身体和心理成长规律。五六岁的孩子，与九、十岁的孩子认知特点不同，阅读状态也不同，所以家长在指导孩子选择书籍也要有所不同，指导方法自然也不同。

也正因为"双规律"的并行存在，分级阅读应时而生，按不同年龄段孩子的身心发展的特点和认知、思维水平，根据语言学习规律，为孩子选择阶梯式的读物。因而家长在指导孩子挑选书籍，进行阅读指导时，分级阅读是不错的选择，毕竟一套科学的分级系统由学生身心发展规律和语言发展规律在背后支撑。

五、帮助孩子跳出"最近发展区"

苏联心理学家维果斯基的"最近发展区理论"，认为孩子的发展有两种水平。一种是现有水平，是独立活动时所能达到的解决问题的水平；另一种是可能的发展水平，也就是通过外在辅助获得的潜力。两者之间的差异就是最近发展区。

阅读上同样存在着最近发展区。这个区域有多大，关键是他身边的大人的协助能力有多强。大人的协助能力越强，也许孩子可以完成的东西就越多，也就越高级，在阅读能力上进步越大。其实，对于家长来说，协助就是共读、交流和鼓励。

从共读的角度，孩子始终会感到他在阅读的道路上并不孤单，共读还能建立良好的亲子关系。交流是为了增加孩子的词汇量、检验对文本的理解，促进孩子的语言输出，还能促进家长、孩子和书籍间的"共情"，建立三者间的共同纽带。

鼓励，能激活孩子的动机以及愉快体验。这个观点也是迪昂提出的。他说："那些注意和奖励机制对学习和阅读有巨大的影响。"鼓励，不仅体现在表扬和肯定，还体现在引导孩子脱离阅读舒适区，不断地迎接挑战，去阅读各种各样的书籍，以及那些有难度的文本。久而久之，孩子的阅读能力也水涨船高了。

"屏读"很美，但人类大脑远没有适应

在数字化时代，阅读的概念正在发生变化，人们越来越多地通过屏幕，而不是通过纸质文本获取更多信息和进行阅读。我们正处于被各种屏幕包围的世界：电视、电脑、笔记本、手机、电子阅读器……以屏幕为载体的数字化阅读方式正在成为人们的选择。

第17次全民阅读调查显示：2019年我国成年国民各媒介综合阅读率保持增长势头，数字化阅读方式（网络在线阅读、手机阅读、电子阅读器阅读、平板电脑阅读等）接触率为79.3%，比2018年的76.2%上升了3.1个百分点。这样的趋势不仅反映了成年人的阅读方式的变化，也反映在互联网环境中长大的孩子身上，第一次接触屏幕阅读的年龄不断提前。这些孩子通常被称为"互联网原住民"。

一、"屏读"，正在改变我们的阅读品质

我们为阅读的表面繁荣鼓舞时，是否会冷静地去思考一些问题：在当前的技术环境下，我们是否正在改变阅读的含义？阅读方式的改变是否意味着阅读文化和价值的重塑？阅读者在"屏读"和"纸读"时思维方式和阅读习惯的差异何在？新一代人正在用新的方式连接大脑，培养出对未来媒体环境有益的技能，对阅读有利还是有害？

罗杰·沙蒂尔就曾警告说，正在进行的阅读转型既有积极的一面，也有消极的一面。他声称："文字从一种媒介转移到另一种媒介，从书本到屏幕，

将创造出不可估量的可能性。但这也会对文本造成破坏，因为它将文本与它们出现的原始物理形式分开，而这些形式有助于构成它们的历史意义。"

如今许多神经认知、阅读和儿童发展等研究领域的专家正在试图通过研究来回答这些问题，引导人们正确地认识"屏读"这一新生事物。在《科学美国人》最近的一篇文章中，研究者贾布声称："自20世纪90年代初以来，发表的大多数研究支持'纸读作为阅读媒介，仍然比屏幕有优势'这一说法。"文章还列举了"纸读优于屏读"的四个原因：

（1）数字设备阻止人们有效地浏览长文本，可能会微妙地抑制阅读理解。

（2）与"纸读"相比，"屏读"需要读者消耗更多的脑力资源，并使我们在阅读时更难记住所读的内容。

（3）不管读者是否意识到这一点，人们在接触电脑或平板电脑时，并没有像"纸读"时那么心定神闲。

（4）"屏读"无法创造纸上阅读的某些触觉体验，有些读者在缺乏这些体验时会感到不安。

这些原因归根到底是由于阅读环境、阅读媒介和阅读方式发生变化而导致阅读品质流失，或者影响了读者成为流利、优秀的阅读者。

古人说读书学习时应该"俯而学，仰而思"。"俯而学"就是沉下心去深入学习，潜心钻研。"仰而思"就是在学习过程中思考，理论联系实际。不善于"读""思"结合，最终无法达到读书的真正目的。阅读需要静下心来。读者在"屏读"时，由于屏幕发光的显示、闪烁的通知、经常会跳出来的广告和超链接等非阅读内容的干扰，往往更容易分心。读者会在多模态的阅读元素之间来回跳跃，对于好奇心很强的孩子来说，影响和危害会更大。

很多孩子，包括成年人通常将阅读误认为单一的任务。其实，良好的阅读包括一系列不同的、经常是相互交织的动作。例如，一开始就能通过阅读前的预读猜测文本；在阅读和注释的过程中架构意义；重读，不仅是一次，而且是多次加深理解和建构意义；批判性的提问，以促进读者自我与文本的对话；用更多的注释、笔记消除理解困难，用笔将重点画出来强化记忆。这些都是成功的读者在阅读过程中不厌其烦、乐此不疲的动作。

"屏读"还会给读者带来一种"不可掌控感"和"无力感"。数字文本几乎没有纸质文本的触觉感。在"纸读"时，凝固的文本和一张张可写的纸张，会带给读者触觉。这是"纸读"所带来的一种愉悦体验，是"屏读"所不能企及的。而且读者在"纸读"时，更容易找到他们所读的内容。读者为了在文字间建立联系、作出推论，或者解决疑问，可以轻松地在不同的页码上切换，这一点在"屏读"时是无法实现的。这种心理特征类似于文本心理图，读者通过纸质文本的映照和物理形态会在心里形成连贯的思维地图或者定位。

还有，为什么在纸质书上做标志和记号对阅读是必不可少的？阿德勒和范多伦在《如何阅读一本书》一书中说道："首先，这种方法让你保持清醒。其次，阅读，如果它是活跃的，就是思考。思考倾向于用语言来表达，无论是口头的还是书面的。有记号的书通常是经过思考的书。最后，记号可以帮助你记住你的想法，或者作者表达的想法。这是读者与文本互动的最佳体现。"

二、"屏读"，更多的是一种略读方式

某种程度上，在线技术是专门为搜索信息而不是分析复杂的想法而设计的，那么阅读的意义在"屏读"时会变成"发现信息"，而不是"思考和理解"。阅读研究专家曼根通过对网络读者行为的描述，认为"屏读"主要是略读或者浅层阅读：读者常常是浏览和扫描、关键词识别、一次性阅读、非线性阅读和选择性阅读，深度阅读的行为较少，对于长篇幅的文章会避之不及。

略读或者浅层阅读，能够满足人们在短时间内获取信息，或者丰富多感官体验的愿望，但是长久以往的话，会付出代价。这样的代价是深层次阅读行为（严肃地获取知识、归纳分析、批判性思维、想象力和反思）的丧失，而这样的阅读行为是阅读的本质追寻，也一直是阅读的关键所在。如果略读或者浅读一直主导"屏读"的话，那么对于阅读原本存在的痼疾无疑是雪上加霜、推波助澜，对大脑进行深度阅读以获得复杂的理解能力产生负面的影响。

作为"阅读大脑的研究者"，塔夫茨大学阅读与语言中心主任、神经科学家沃尔夫从神经科学、文学和人类发展的角度来记录儿童和成人沉浸在数字媒体中时大脑发生的变化。她说，人们快速而短暂地处理信息时，会限制大脑"沉思维度"的发展。这一沉思维度为人类提供了形成洞察力和移情能力的能力。

其实，在这个日益数字化的世界里，我们比以往更需要培养孩子的深度阅读能力。深度阅读能力是对阅读积极热忱、高度专注、自主控制和深度思考的能力。《深度阅读的重要性》一书认为：深度阅读是指推动理解的一系列复杂过程，包括推理和演绎推理、类比技巧、批判性分析、反思和洞察力。专家读者需要几毫秒来执行这些过程，但年轻的大脑则需要数年来发展它们。

三、人类大脑远远没有适应新的模式

人类的智力水平和认知能力，不仅是大脑进化的结果，而且是适应环境和社会变化、相互互动的结果。无论是人类群体还是读者个体，阅读的行为和大脑并不是天生的，是时光老人的杰作和人类主动发展的结果。人类经过上万年漫长岁月沉淀，才形成如今的阅读模式和行为方式。例如，直立行走、解放双手、手势交流与人类语言的进化存在着密切的联系。人们在日常语言中仍然使用各种重要的身体动作和表情进行交流，如手和手指的运动、面部表情、语调、微笑等。

还有一个例子能够帮助我们理解阅读发展的漫长过程，那就是书的导航功能。曼格尔的《阅读史》指出，一直到了13世纪，人们的书籍才具有页码、目录、标题和索引之类的文本特征。这些特征有助于浏览，从而进一步提高了易读性和整体性。在此之前，人类有文字的阅读历史已经超过了数千年。

从读者个体维度来看，也同样如此。认知神经学家告诉我们，人的大脑并非为阅读而生。把原生态大脑改造成"阅读脑"需要长达十余年循序渐进的努力才能完成。这种改造不仅是认知层面的改变，而且是大脑生理结构的改变。要成为熟练的读者，尤其是专家级读者，也需要神经网络。它需要多年的练习和集中的阅读来发展词汇和解码技能，使其有时间进行推理和思考，即形成大脑回路，以便进行熟练的阅读。

人类数字化阅读的历史并不长，仅仅数十年而已，但是数字化呈现方式却从根本上改变了文字的物理形式。文字不再与介质相联系，而具有极强的可塑性、可移动性。在信息技术的帮助下，人们获取文字和阅读的方式也发生了根本性的变化。人类大脑远远没有适应新的模式，不可避免地需要建立与阅读的新关系，发展新的智力技巧和新的阅读方式。我们的大脑具有强大的可塑性，大脑回路正在重新布线，鼓励大脑呈现出正在阅读的任何媒介的特征，但是这一切需要时间。

四、"屏读"和"纸读"，并不是非此即彼的选择

历史总会重演，经常会出现人们担心新技术会破坏旧技能的例子。公元前5世纪末，当文字传播正在挑战口头传统时，柏拉图曾表达过担忧："信赖文字会阻止我们记忆。"数字化阅读技术和工具的出现，在扩大我们的阅读和娱乐体验的范围同时，也带来了种种问题，只是我们不能因噎废食，"把孩子和洗澡水一起倒掉了"。所以这不是非此即彼的选择，而是我们如何从

两者中得到最好的结果。

有一点我们必须深信：我们必须改造我们的大脑，适应数字阅读，鼓励批判性阅读和思维的技能，瞄准特别适合数字文本的新技能，并制定教学和评估策略，以帮助孩子培养他们所需的批判性思维技能，无论他们采用的是何种类型的文本阅读。

考夫曼和弗拉纳根指出，阅读纸质书时，受试者在回答需要推理的抽象问题时表现更好；相比之下，在回答具体问题时，参与者在数字阅读方面的得分更高。我们应该教会孩子根据阅读的目的确定媒介类型。在阅读之前，家长要想一想，你希望孩子从阅读中获得什么。孩子只需要掌握和了解主要信息或思想时，"屏读"并不比"纸读"效果差很多，而且速度会快很多。在阅读结束之后，教师或家长可以问问孩子主要读到了什么。但是如果想要孩子深入理解和综合观点，那就让孩子打印出来或者读纸质材料，然后用传统的方式阅读。

教师或家长可以合理安排不同比例或者数量的文本类型，并采取相应的阅读方法，鼓励孩子在"纸读"和"屏读"中切换，培养在使用各种媒介时的思维习惯，帮助孩子建立连接纸质阅读技能和数字阅读技能的桥梁。

正如沃尔沃所说，我们要明确意识到，现在拥有的科学和技术将会让我们失去什么东西，带来什么新的能力，我们兴奋和谨慎的理由一样多。我们需要培养"双读"大脑，即利用每种阅读风格的最佳技能，让孩子既可以在线阅读，也可以在纸质文本上进行深度阅读。

在互联网时代，信息增加的速度变得无比迅速。人们对速度和效率非常重视，正是良好阅读习惯的主要压力所在。我们一方面希望孩子认真地对待阅读，另一方面又要求他们阅读大量的文字，多种因素导致孩子在阅读中需要"马不停蹄"。

我们要鼓励孩子在阅读时放慢速度，将时间更多地用于思考。他们不仅要思考读什么，还要思考如何阅读。他们在哪里读书，读书时做什么，是怎么思考的？在笔记本电脑、平板电脑和图书馆的书本上，他们是如何参与阅读的？进行不同的阅读时，他们的思考会有哪些优势和不足？具有这种元认知能力的孩子往往发现自己阅读困难的原因，并能找到有效的策略来克服这些困难。

另外，还要限制5岁以下儿童接触数字媒体。这是很多国家对幼儿阅读做出的规定，从而保护幼儿的视力，并避免过早过多地受到多模式和多任务的干扰。家长要做的事情是经常朗读给孩子听，或者讲故事，和孩子开展纸质文本的共读活动，建立阅读的思考方式。即使是数字阅读材料，家长也应该可以选择，有意识地将广告、视频和超链接等排除在孩子的阅读体验之外，否则孩子会把心思放在处理和对付它们上面，影响阅读效果。

社会情感学习：培养独立的、负责任的学习者

社会情感学习（Social Emotional Learning，简称SEL）是近几年在国际教育领域内被热烈讨论的话题之一。2018年年底，一个致力于K-12教育创新的研究机构——教学思想（Teach Thought）发布了《2018年美国教育趋势》报告，揭示了美国教育工作者最为关注的20种教育发展趋势，社会情感学习位列第十二位。

一、社会情感学习力的指向

其实，社会情感学习并不是新鲜事物。20世纪末，美国的"学术、社会和情感学习"联合组织（简称CASEL）拉开了社会情感学习的帷幕。社会情感学习主要关注以下五方面的成长：自我认知能力（self-awareness）、自我管理能力（self-management）、社会认知能力（social awareness）、人际关系能力（relationship skills）和自我决策的能力（responsible decision making）。社会情感学习其实是一个旨在帮助儿童（18岁以下）发展及提高有效生活所需基本技能的过程。

SEL项目已经在美国、新加坡、马来西亚、中国、日本、韩国、英国、澳大利亚、新西兰以及拉美、非洲等一些国家和地区数以万计的学校得以开展和实施，并取得了良好的效果，在世界范围产生了广泛的影响。2018年，OECD继"国际学生评估项目"（PISA）之后，又推出青少年"社会和情感能力"评估项目。该项目与PISA测试是平行项目，旨在测评参与

国家和城市的青少年的社会与情感能力发展，以及如何通过教育提升这些能力。

研究表明，社会情感学习可以促进学业成绩提高和积极的社会行为发生，减少行为问题、社交问题和情绪困扰，对学生短期和近期可以产生积极和深远的影响。CASEL曾经组织过面向几十万学生的大规模研究和评估，发现社会情感学习让孩子们提高了11%的整体学业成绩，还提高了学生与他人相处的能力，改善了学生与学校的关系，减少了学生的不良行为和攻击行为，降低了他们的焦虑和压力。

CASEL的研究结论与世界经济论坛在2016年发布的《教育新视界：通过教育技术推进社会和情感学习》报告结果惊人地一致，提出了21世纪的教育应当如何培养学生的综合能力。这份报告还特别指出，与过去只重视学术能力培养的教育相比，兼具社会与情感学习的教育不仅能提升学生的学业表现，还能为学生未来深造、就业或取得成功产生长远的影响。

二、社会情感学习有助孩子的自我发展和幸福

曼德拉是南非首位黑人总统，也是1983年诺贝尔和平奖获得者。在成为总统之前，他曾经在牢中服刑27年。有人专门研究曼德拉，认为让其生存下来的并非体质、智力和生存技巧，而是目标感、积极乐观的态度和坚持力。

建立民主和自由的社会是当时曼德拉心中的目标，即使身陷囹圄，他也在为实现这一目标而生存和努力。他是一个嗜书如命、酷爱阅读的人，白天要承担繁重的劳动，到了晚上挑灯夜读，手不释卷。他硬是把"罗本岛监狱"变成了"罗本岛大学"。他后来说，其实监狱生涯对他来说十分宝贵，使得他有了大把的时间用于读书，而且通过默默读书，他成功地改掉了急躁的坏脾气。漫长的牢狱折磨，反而让他学会安静，使他知道如何面对苦难。他的

生活极其有规律，早睡早起，坚持锻炼，不吃油腻的食物与甜食。这些习惯形成于狱中，一直到他去世从来没有变过。其实，曼德拉身上的这些品质就是社会情感教育培养的目标。

早在1994年，社会情感学习由CASEL机构提出。2002年，联合国教科文组织向全球140个国家的教育部发布了实施计划，如今，加强社会情感能力学习正在成为全球教育界的共识。

我们先通过"说文解字"，认识和理解社会情感学习。第一个词是"社会"，是指每个人都是社会的成员。与他人发展积极的人际关系是一门重要的必修课，他人包括家人、亲人、同学、朋友、老师等。第二个词是"情感"，是人对客观事物是否满足自己的需要而产生的态度体验。情感教育旨在促进青少年的自我意识和自我认知，特别是涉及情绪和感觉的时候产生认知和想法，即自我发展。这种发展比学业发展更为重要，当前智力和学业仍是多数家庭和学校关注的焦点，而孩子的情感发展是经常忽略的领域，导致孩子面临诸多社会情感发展方面的问题。第三个词是"学习"，表明社会和情感能力成长和适应是可以通过指导、实践、反馈来学习的，也就是说社会情感能力不是天生的，是通过后天培养和学习的。通过社会情感学习，孩子能更加清晰地意识到自己的感受，学会与他人更和谐地相处，培养做出负责任的决定和有效应对挑战的能力。

三、社会情感教育正当时

今天的世界充满着不确定、变化和难以预测的挑战。在智能化时代，人类的生存价值或将在很大程度上取决于我们的社会情感能力。突如其来的疫情正是充满不确定性和变化社会的真实折射，尚未被人类全面认识的病毒，无数人的感染，铺天盖地的信息，学习环境和模式的变化……

疫情初期所有的孩子经历了前所未有的心理冲击和变化。从时间轴来看，他们经历了三个情绪波动最厉害的高峰。第一个是2020年春节前后，疫情突然暴发的时候，几乎所有人都很恐慌，这是疫情之初，人们对疫情不了解的反应。第二个是线上课堂启动之时（2020年2月底前后），很多孩子感到紧张，教学模式和学习空间的变化，使得他们无所适从。第三个就是复学前后，从线上到线下，从空中课堂到实地课堂，孩子将回到熟悉又陌生的校园，又一次启动适应模式，心理和情感又一次面临着变化。此时，很多孩子感到担心，担心学习会跟不上，担心作业无法上交，甚至担心"宅家"久了，身体变胖了，同学会嘲笑。

每一次变化对孩子来说都是一次挑战，带给他们情绪上的波动，带来焦虑、抑郁、恐慌、"恐学"等消极情绪。孩子从来没有在这么短的时间内，遭受如此频繁和严重的冲击。如果家庭和学校没有正确介入和引导的话，他们会产生严重的社会情感发展问题。

心理学家告诉我们，情绪处理不当会造成严重的后果。不幸事件发生时，人会产生恐慌、紧张和担心等原发性的情绪反应。这些情绪如果处理不好，过度"报警"，夸大事情的严重性，会产生一系列的连锁反应：首先是情绪障碍，如焦虑、抑郁、强迫等；然后出现身体反应，胸闷、心慌、头痛、发热、腹胀、食欲不振、拉肚子、全身没有力气；接着是行为发生改变，如生物钟被打乱、日夜颠倒、寝食不安等；最后是社会功能出现紊乱，出现睡眠障碍、记忆能力下降、行动力降低、警觉性提高的情况，最后出现厌学、拒绝交流等严重问题。

如果家长觉察到孩子出现了睡眠不好、烦躁、容易发怒等状态，就需要调整他们的情绪来恢复心理安全感。学校也要积极采取干预措施，开展心理讲座、心理健康教育课、同伴互助、团体辅导等活动，帮助孩子掌握简便有效、容易操作的心理调适方法。

四、帮助孩子把情绪表达出来

发展的不确定性超出了我们的掌握时，焦虑感、恐慌感以及伴随而来的负面情绪和意识汹涌而来。

德国哲学家马丁·海德格尔曾说过："我们的情绪和感受（包含对死亡的焦虑）是理解我们生活的一种途径。当我们将这种模糊的感受转换为清楚的知觉时，可能会更加积极地去决定自己，希望成为怎样的人。"中国的文化讲究内敛，强调"喜怒哀乐不形于色"，对情绪的表达是委婉的、含蓄的，对负面情绪是不提倡表达的，甚至不提倡存在的。

其实，所有的情绪都有其存在的意义和价值，即使是负面情绪，也是被允许存在的。情绪本身没有对和错的区分，关键是我们表达情绪的方式，用的是建设性的还是破坏性的方式。美国社会心理学家费斯汀格认为，生活中10%是由发生在你身上的事情组成，而另外的90%则是由你对所发生的事情如何反应所决定。这90%的关键是一个人是否能够认识到自己的情绪，并学会控制和合理地表达情绪。

生活中，负面情绪产生在所难免。我们要鼓励孩子觉察自身情绪的变化，并用无害的方式、恰当地表达情绪，共同思考解决问题的方案，从而释放情绪，如用画画、交流、写信等方式表达，或者用锻炼、良好的生活、学习习惯来释放不良的情绪。我们需要充分尊重孩子的情感，不能告诉他们应该"怎么想"或"别那样想"等，而要学会与他们共情，将他们的处境转化为成人的相似处境来理解，避免批评、嘲讽或贬低。生活中会发生很多事，无论是悲伤的，还是令人振奋或无奈的，都可以让孩子设身处地获取共情能力，体验不同的情绪。

武汉方舱医院中的"读书哥"，是疫情中给人留下深刻印象的人之一。当时在方舱医院，很多人感到恐慌无助，只能靠用手机"刷屏"度日。但是"读书哥"躺在床上，阅读一本烧脑的书——《政治秩序的起源》，就能向人传递安静的力量和稳定的情绪。他不仅能够控制情绪，而且能够用合理方式释放情绪。在阅读中，他安放了情绪，还安放了心灵，赢得了所有人的点赞。

五、引导孩子做负责任的、自我导向的学习者

同样在方舱医院，另一张照片给人留下了深刻印象：一名高三学生黄玉婷，被收治进方舱医院时，还背着一大书包的学习资料，每天早上根据学校的安排，进入"空中课堂"学习，丝毫没有落下课程安排。网课就像"放大镜"，让孩子平时上课时被忽略的自制力差、注意力不集中等问题暴露得彻彻底底。

人在生活中会有两种时间：自然时间和心理时间。自然时间是钟表时间，是客观的；心理时间的则是体验时间，是主观的。自然时间和心理时间重合、重叠是一个人自制能力强的表现。他们知道如何根据客观和外在的时间刻度，调整自己的状态，合理安排自己的时间，做到"天行健，君子以自强不息"。

我们可以让孩子觉察时间的价值，记录一天或者一段时间做了哪些事情，或者做一件事情花了多少时间。这个方法还有助于孩子了解自己学习的效率和节奏。自制能力强的孩子一般都会制定计划、进行目标和时间管理。教师和家长要鼓励孩子制订每天的学习计划、目标和作息时间表。家长还要和孩子谈论计划实施的情况，目标是否达成，让孩子成为负责任的人，学习对计划、目标和行为负责。

时间管理并不是一门知识或技术，而是一种能力。它的本质并不是管理时间，而是管理自己，学习自控，控制自己在正确的时间做该做的事，以及学习自律，克制自己不要在不正确的时间做不该做的事。每个人的一天都是24小时，时间用在了什么地方，决定了人生的差距。

要让孩子做负责任的人，我们还要引导孩子学习家务。著名的哈佛大学的格兰特研究成果是："童年做家务是未来成功的基本要素，而且越早开始越好。"因为通过做家务，孩子获得两个拥有快乐且成功的人生的关键因素——爱和职业道德。让孩子学会负责的另一种方法就是反思。在灾难面前反思，

反思人和自然的关系，反思人与动物的伦理关系。对于持久价值的追求，会让孩子对学习产生持续的意义感和目标感，使得自己更愿意面对挑战，并更愿意对自己的行动负责。

六、社会情感如何教学

学校是学生学习的主要场所，如果忽视他们每周在学校超过40个小时的社交情感学习需求，那将浪费宝贵的发展性学习时间。学校也是学生面对社会交往、挑战和个人成长机会的地方，是培养学生社会情感能力的主要场所之一。学校在推进社会情感教育方面，主要有3种教育形式。

（一）开设专门系统课程

为了帮助学生全面掌握和运用社会情感学习的技能，很多学校用专门的课程落实社会情感教育。系统课程的特点是教学目标清晰，对学生技能的要求更显性化，而且教学系统性和可控性强。例如，影响较为广泛的"狮友探路"课程，采用了一系列的教学方式，如团队合作、分组讨论、同学互教、小组反思、问题解决等。教师在"狮友探路"课程中提出讨论主题时，会首先鼓励学生进行独立思考，然后让学生之间进行分组讨论，最后由每组的代表与所有学生分享心得体会。

（二）有机融合于学科教学

任何有效的教育都是潜移默化的，社会情感教育也不例外。无论是CASEL机构，还是很多学校，都将社会情感教育融合在学科教学中，使之成为课程内隐的一部分。例如，文学作品对人物性格的描写就能成为社会情感教育的资源。读到故事人物欣喜若狂时，让学生讲出人们欣喜若狂的脸部表情或者声音是怎样的，文本是如何描述的。然后互换角色，让学生说出自己欣喜若狂的故事，说出更多的细节来说明"欣喜若狂"，还可以在纸上写出几个不同的脸部表情。嫉妒、仇恨等不良情感也可以在文学作品中看到。在美国的"州共同核心课程标准"中，"数学建模标准"就要求学生通过掌握"社会意识"来理解数学题中的个人或群体需求。"复杂文本标准"中指出，学生应掌握"社会意识"以接受他人的观点。当然，学习目标的制定、课堂的倾听技能、学习自我管理等都是学科教学中培养社会情感能力的主要途径。

（三）融入项目化学习的教学

项目化是近几年来受到极大关注的教学方式。项目化学习一直主张基于核心知识和技能的学习，也就是说学生在课堂上学习学科核心内容和知识的同时，也要学习关键技能。社会情感的组织（CASEL）专家认为，社会情感能力与项目化学习的技能高度自然融合，高质量的设计和教学一定是将社会情感能力自然地嵌入到项目中。迈克·卡切尔开发了社会情感能力与项目化学习要求对应关系，如表4-1所示。

表4-1　社会情感能力与项目化学习要求对应表

社会情感能力	社会情感能力的具体技能	项目化学习要求
自我意识	<ul><li>识别情感</li><li>自我觉察</li><li>认识长处</li><li>自信</li><li>自我效能</li></ul>	<ul><li>倾听学生的声音，给予学生多种选择</li><li>赋予学生角色</li><li>允许落后</li><li>及时反馈进步</li><li>自我导向学习</li></ul>
自我管理	<ul><li>冲动管理</li><li>压力管理</li><li>自律</li><li>自我激发</li><li>目标制定</li><li>组织能力</li></ul>	<ul><li>班级组织形式</li><li>倾听学生的声音</li><li>了解自己的起点</li><li>制订计划</li><li>项目管理</li><li>"支架"选择</li><li>自我评估</li></ul>
社会意识	<ul><li>分析观点</li><li>同理心</li><li>包容</li><li>尊重他人</li></ul>	<ul><li>建立班级组织形式</li><li>尊重学生观点</li><li>设计开放性问题</li><li>与不同的人合作</li></ul>

（续　表）

社会情感能力	社会情感能力的具体技能	项目化学习要求
人际关系技能	● 交流 ● 社会参与 ● 关系处理 ● 团队合作	● 班级或社区汇报 ● 与小组或社区交流 ● 小组契约和角色 ● 给予和接受同伴反馈 ● 反馈小组互动结果
负责任的决策能力	● 知道问题所在 ● 分析外部环境形势 ● 解决问题 ● 评价 ● 反馈 ● 伦理责任	● 提出真实的驱动问题 ● 了解自己的起点 ● 调查 ● 反馈或调整 ● 展示产品 ● 反馈技能和行为 ● 设计服务社区的项目

　　我们可以分析一个项目化学习案例，主题是"数据中的心脏病"。教师给学生提供一张2015年中国城市居民和农村居民胆固醇的数值表。学生先比较城市居民和农村居民胆固醇的数值，分析原因，再提出对策，最后用自己的方式去呈现结果。此项目通过驱动性问题，启动一个关注真实问题的研究，学生在教师的指导下计划如何对问题进行研究、识别、分析，制订方案和解决问题，以不断迭代和完善塑造前进的文化氛围，并通过学生的意见和选择，制作产品和展示他们的学习成果。

　　从社会情感教育的角度，这个案例的自我意识维度是让学生意识到，一个人的健康与饮食和工作方式有关。自我管理维度是理解什么是健康，什么是不健康，要学会自我管理健康的方式。社会意识维度是理解地区差异以及社会和文化会影响一个人的健康。人际关系维度是与社区医生、政府工作人员甚至科学家一起合作制订方案。社会责任是根据资料和自己的研究提出建议，改变人们的生活方式。项目化学习的框架兼容性很强，包含当今许多进步的教学策略和学习目标，还无缝链接了社会情感教育的理念，培养了共同的技能，从而培养终身学习者，同时是有自我意识和同理心、与他人紧密联系的负责任的决策者。

人类的学习纵贯一生

　　人们一直感到好奇：人是怎么学习的？人是怎么记忆的？认知是如何发展的？这些问题是人类对于自身学习方式的探索，也是如今学习科学关注的话题。

　　我国有许多关于学习的经典论述，如"只要工夫下得深，铁棒磨成针""读书百遍，其义自见"等，大家耳熟能详。这些论述具有这样的隐喻：人的学习是简单的线性增加，或者用反复练习的方式学习、记忆和发展技能。正如摄像机记录图像和声音一样，慢慢地将信息存储在人的大脑之中。这些观点对应的是背诵、朗读以及抄写等学习方式，机械、简单，强调重复。

　　实际上，学习并不是简单地记忆和摄入，而是涉及种种过程和因素，它们不断相互作用，影响着人们理解世界和学习知识技能的方式。《人是如何学习的II：学习者、境脉和文化》一书揭秘了人类学习时大脑变化的密码。这本书由美国国家研究理事会出版，荟萃了从2000年至今学习科学成果，聚集了认知科学、心理学、计算机科学、神经生物学、数学以及科学教育等领域众多专家的智慧，以科学和实证的方法告诉人们"人是如何学习的。"

一、所有的学习都是文化塑造的过程

　　有些国家特别看重儿童的早熟，父母特别期望他们的孩子在更小的年龄取得优异的成绩，或者采取促进儿童加速成长的育人方法，如日常按摩或洗澡时拉伸儿童的四肢等。这些案例说明人们的学习方式深刻地受到当地文化的影响。

　　文化和境脉在塑造人们学习方式方面起着重要而复杂的作用。虽然人类共享基本的大脑结构和认知过程以及家庭关系等基本经验，但是人不是"空白"的，而且每个个体都不同。这很大部分由其生活的环境和文化所决定，由个人的经历所塑造。要真正理解学习，必须学习和了解所有能影响学习的环境和文化，也就是说，日常文化和境脉对儿童如何思维、记忆和解决问题起到重要作用。

　　社会活动、社会情感，甚至生活习惯也会影响学习和认知功能。这一点证实了认知和情感是紧密联系的。例如，罗马尼亚政府机构护养的孩子，有充沛的物资，包括食物、衣物、床上用品和玩具，但是护理人员是轮流照顾的，而不是由固定的保育员负责。从生物学的角度，孩子没有得到健康的发展，无论是脑还是身体都比一般孩子小。原因是，他们没有机会与成年人建立长期稳定、温暖的关系，在社会、情感和认知上无法得到充分发展。

　　睡眠也是影响学习者学习效果的因素。长期睡眠不足和睡眠障碍会影响学习效果，导致与学习相关的认知功能下降，如注意力、警觉力、记忆力和复杂决策力明显减弱。在过去的20年里，儿童的平均睡眠时间减少了30～60分钟，从而影响了他们的健康和学业。

　　还有运动，尤其是更具挑战性的任务，有助于儿童的学习和认知。运动后的儿童在保持专注、完成复杂任务的能力上有所改善，学习成绩也得到改善。因而，保证儿童的睡眠时间和足够的运动能提高他们的学习效果。

二、学习动机对学习很重要

　　智力因素是解释学业成就的重要因素，还有一个重要因素是内在动机。要让一个人学习，必须让他拥有学习的意愿并看到学成的价值。许多因素和环境都会影响个人的学习欲望和努力学习的决心，投入度和内在动机也会随着时间推移和环境变化而发展变化。

只有所有年龄段的学习者认为学校或学习环境是他们"归属"的地方，并且环境促进他们的能动性和目的感时，他们的学习动机才会得到激发。好的教育，通常不是"注满水桶"，而是"点燃火焰"。

能够被激发动机的儿童，学习通常更加投入、坚持时间更长，而且能取得更好学习成就和结果。一项研究证明，相比自我导向的活动以及同伴协商的活动，在成人主导的活动中，儿童的内在执行功能更差。前者活动类似开放式游戏、沙滩上的制作沙堡等活动，后者是钢琴课和学科补习。这说明结构化、他导型的学习活动会限制儿童激发自我和管理自我的能力。

在现实生活中，有些儿童的生活中充满了各种各样的兴趣班，从早到晚，没有休息。一旦考完了等级，他们再也不触碰这些所谓的爱好，有的甚至从心底憎恨和厌恶。他们的学习通常来自家长的选择或者功利的驱动，或者是为了取悦家长，甚至屈从家长的命令，而不是自我选择和自我动机的结果。有的高三学生在高考之后，将所有的书本撕烂，从教学楼上撒下来，道理是一样的。

教师和家长应该了解激发学习者学习动机的一些方法，如帮助儿童设定理想的期望目标和表现目标，这些目标具有适当的挑战性。期望目标通常是分数、等级或者成绩等，具有结果性。这还不够，还有表现性的目标，如态度、过程、努力等。正如成长性思维所强调的，那些被表扬付出努力的学生更有可能追求目标，更具有持续的动力。

教师和家长还要创造学习者珍视的学习体验，创造让学习者感到安全的情感支持和无威胁的学习环境；支持学习者的控制感和自主感；通过帮助他们识别、监控和制定策略来培养学习者的能力感。元认知、执行功能和自我调节是人类协调统筹多种学习类型的方法，如同导航中的指挥系统一样，优化学习者的学习方法，调节自我情绪，从而达到最佳方案。

建立主动学习的机制对于儿童的学习非常关键，能够培养他们的成就感、归属感、认同感、自主性和能动感，获得内在而持久的学习动机。

三、人类的学习纵贯一生

学习是贯穿人的整个生命周期的动态过程。这是信息化时代所催生的重要生活和学习形态。无论是在出生之前，还是在整个生命中，生命体都会适应经验和环境。与学习相关的因素包括微观层面，如学习者血液中的铅含量，还有宏观层面的影响，如学习者所在社区、社会和文化的特征。人的大脑是由他独有的一系列经历和影响而发展和塑造的。这一过程通过突触和青春期发生的其他神经系统发育而发生。

随着年龄的增长，学习者的大脑会继续适应，通过不断塑造和重塑神经连接以响应刺激和需求。个体学习者会有意或无意地不断整合多种类型的学习，以应对遇到的挑战和环境。

学习和大脑是互相成就和互相影响的。学习会在整个生命周期中改变大脑；与此同时，大脑在整个生命周期中以影响学习的方式发展。例如，两种认知资源在人的成长过程中特别重要，一种是有生成、转化、控制信息的推理能力，还有一种是基于经验和教育积累的知识或水平。

在人的发展早期，这两种资源都会同步增加，直到成年早期，它们开始分道扬镳。推理能力开始下降，而知识水平保持稳定或提高。大脑在整个生命中都在适应，吸纳和协调其资源以弥补衰退并适应环境。

时间是魔术师，这句话可以描述人的学习，因为人的大脑会随着时间的推移和机体成熟而变化。例如，从胎儿期到20多岁，人的大脑处于有序的发展之中，首先是生命功能和自主功能的控制过程，其次是认知—运动感觉和知觉过程，最后是整合过程以及决策制定。

儿童发展敏感期理论也证明了这一点。儿童成长过程中，存在着各种能力发展的敏感期。所谓敏感期，是能力发展的关键期，会影响个体后期的发展。儿童教育家蒙台梭利认为，这是自然赋予儿童的生命动力。如果敏感期的内在需求受到妨碍而无法发展的话，就会丧失学习的最佳机会。

"纵贯一生的学习"，与我们常说的终身学习有所不同，强调的是时间上的纵向和场景上的横向，更强调学习和大脑以一种相互增强、适应的方式发展。终身学习侧重的是相对学校教育的非正式学习，而不是从学习本质的视角来看待。

四、支持学习的策略和方法

人类天生具有追求效率的强烈动机，希望在最短的时间内获得最高的回馈，在学习上也是如此，对提高获取和保持知识的能力以及提高学习表现十分有兴趣。多位研究者分析发现了5种具有价值和意义的学习策略。

（一）提取练习

有个实验：第一组学生读4遍文本，而不采取任何活动对文本进行回忆；第二组学生读3遍，要求尽可能多地写下记住的内容来回忆文本；第三组只读了1遍，然后通过3次提取练习环节对文本内容进行回忆。一周后对文本内容进行终测，发现第二组的学生表现比第一组好，第三组的学生则要优于第二组。研究结果表明，学习后尽快积极提取信息要比花同样多时间反复阅读的效果更佳，原因在于任务驱动以及记忆强化的作用。

（二）间隔练习

相比于将学习集中于某一个时段，学习之间至少间隔一天，有利于最大限度地将内容长期保留。当然，并不是间隔时间越长越好，而是要产生积极效应的"最佳位置"。例如，一项五年级学生学习词汇的研究表明，两周的间隔时间最好。

（三）变式练习和交错练习

变式学习通常是指以不同的方式练习同一技能；交错学习则是指将不同的活动混合在一起。这两种练习方法能更好地刺激学习者的神经和大脑，给学习者带来有用、有意义的挑战。这些方式还会增加学习的趣味性，提高儿童学习的兴趣。

（四）总结和提炼

总结是用言语表述的方式将最重要的信息从一系列材料中提炼出来。这是对所学内容进行精细加工的常用策略。孩子阅读完一个故事或者一本书后，应该鼓励孩子把主要情节和观点说出来，在组织信息中提高逻辑表达能力。这种能力是信息泛滥时代很多人缺少的。画图也是总结和提炼的有益方法，能够结构化或整体化，能促进孩子的理解和整合。

（五）解释

鼓励学习者对所学的内容进行解释是一种有效支持理解的方法，主要体现为质询、自我解释和教学。

质询主要鼓励学习者自我提出"为什么""如何""如果""如果不"等问题。孩子如果能够养成质询的习惯，会培养其好奇心以及促进对学习内容的深层理解。

自我解释是指在学习过程中生成对材料和自己思维过程的解释。这也叫发声思维，是将知识和信息转化和内化的过程。

教别人也是一种有效的学习经验。学习金字塔理论里在基座位置的学习方式就是"教别人"或"马上应用"。这种方法可以记住90%的学习内容。

质询、自我解释和教别人，归根到底，是一种自我导向的学习方法，能激发学生的主动学习和深度学习，能够将知识和信息转化为内在的认知，促进思维的发展。

成长型思维、毅力、逆商，不约而同地指向了坚毅

对孩子来说，成功的关键是什么？每个父母对他们孩子的成功有不同的定义。一些父母可能希望自己的孩子拥有高智商（IQ）。这是孩子成功的一条道路。也有一些父母可能希望孩子拥有高情商（EQ）。这会让孩子在人际交往中如鱼得水。

在很多关于孩子可能成功的研究中，宾夕法尼亚大学心理学副教授安杰拉·达克沃思认为，坚毅的品质对成功起到了关键性的作用。她将坚毅定义为"毅力和对长期目标的热情"，可以理解为一种"逆商"。具有坚毅品质的人，能够完成他们开始的事情，克服障碍，实现他们的目标。坚韧，是孩子专注在面对挫折或失败时专注、继续追求某事的倾向。坚韧是激情、韧性、决心和专注的多元结合。它使一个人能够保持自律和乐观，特别有动力。它给了我们另一种选择，让我们在天赋还不够的时候，把孩子推向成功的道路。

这项研究建立在对常春藤盟校大学生早期学习的GPA，西点美国军事学院学员的辍学率，以及在全美拼字大赛中获奖选手的大量研究的基础上。这个观点还来自数十位成功人士的成长经验：从摩根大通首席执行官杰米·戴蒙到《纽约客》卡通编辑鲍勃·曼考夫，再到西雅图海鹰队教练皮特·卡罗尔。

"坚毅"这个概念并不是崭新的。中国诗词，如"只要工夫深，铁杵磨成针""千磨万击还坚劲，任尔东西南北风"等，表达了古人做事要持之以恒，有恒心、有毅力的心境。达克沃思是从心理学的角度，证明所谓的

"软"技能是如何影响学业成功的，越来越明显的是，这些品质比智力或天赋更能预测成就。而且，父母完全有可能用"坚毅"教育他们的孩子。她还把这些研究写成一本书《坚毅：释放激情与坚持的力量》，一度成为畅销书。

一、找到属于孩子自己的激情

哈佛大学里安教授认为，人们的动机主要不是来自行为成就的物质后果，而是来自这些行为给我们带来的内在享受和意义，一种叫作内在需求的机制。他还认为人类具有三大需求：对能力的需要、对自主的需要以及对人际关系的需要。我们只有感到这些需求得到满足时，内在的动机才能持续下去。

坚毅是对生活中的某件事充满激情和毅力。这并不意味着你必须以同样的热情和毅力参与所有可能的追求。事实上，时间和精力的限制表明，专注于一件事意味着减少对其他事情的关注。一个人不能追求成为伟大的钢琴家，同时又是伟大的数学家，抑或伟大的短跑运动员、厨师和哲学家。达克沃思也认为，在你找到自己热爱的东西之前，尝试不同的爱好和特长是更有效的，也能帮助我们发现在生活中所热爱的东西。

真正的成功源于孩子对这项活动充满热情。孩子很难坚持那些不让他着迷的目标，所以培养孩子勇气和坚毅的第一步是找到一些有趣的东西。让孩子体验各种各样的活动和兴趣，让他们能够发现喜欢做什么。作家布鲁斯·费勒在《幸福家庭的秘密》一书中写道，米歇尔·奥巴马让她的每个女儿参加两项运动——一项是她选择的，另一项是孩子自己选择的，这样她们就有了不同的体验和经验。

孩子有多种可能的行为选择时，自我控制就会发挥作用，一种是承诺立即获得快乐，另一种则不是当下的快乐，而是指向更遥远的目标。孩子早期具有的自我控制水平可以预测孩子在学业上的表现，以及许多其他积极的结果，包括成年后的收入、幸福和身体健康。

研究表明，参加课外活动的学生比没有参加的学生成绩更好，自尊更高，抑郁发生率更低，辍学率也更低。在同一活动上投入一年以上的孩子更具有坚持的能力。在大学毕业后坚持从事同样的活动两年或更长时间，他们的就业机会就会增加。

二、培养孩子的"成长心态"

有份调查显示，85%的家长认为，孩子表现出色时，表扬他们的能力或智力能让他们感到聪明很重要。但心理学家的研究表明，表扬孩子的智力会使孩子变得脆弱。同样，泛泛的赞美也暗示着一种稳定的特质，如"你是一位优秀出色的学生"。然而，如果措辞具体，表扬可能是非常有价值的。表扬孩子完成某件事情的特定过程，通过把孩子的注意力集中在成功的行动上，培养他们的动力和信心。这种过程中的赞扬包括赞扬努力、策略、专注、在困难面前坚持不懈、愿意接受挑战。

这种观点也反映在斯坦福大学教授卡罗尔·德韦克提出的"成长型思维"中。在德韦克教授看来，当我们认为智力和能力可增长时，就拥有了成长型思维。而相反地，当我们认为智力和能力固定不变时，便往往是固定型思维。一个拥有成长型思维的人，在对待努力、挑战、失败、他人的成功和来自他人的批评时，都和拥有固定型思维的人呈现出极大的差别。

如何把成长心态传递给我们的孩子？有一种方法是讲述关于通过努力工作取得成就的故事。例如，谈论那些或多或少天生的数学天才，会让学生陷入思维定式；如果谈论伟大的数学家对数学的热爱和努力，会产生成长型思维。研究结论是，伟大的成就，甚至我们所称的天才，如莫扎特、爱迪生、居里夫人、达尔文和塞尚，通常是多年的热情和奉献的结果，而不是天赋自然产生的结果。

德韦克认为，家长和教师不妨关注更具体的细节和过程，培育孩子的成长型思维，如：

（1）你画得很好，我喜欢你在人们脸上添加的细节。

（2）你真的为你的考试而努力，你读了好几遍这些材料，概述了它，并做题检验了效果，真的成功了！

（3）我喜欢你在那道数学题上尝试了很多不同的策略，直到你终于得出了答案。

（4）这是一项具有挑战性的英语作业，但你坚持到底，直到完成为止。你一直在桌子前集中注意力，太好了！

（5）我喜欢你科学课那个具有挑战性的项目。这需要大量的工作，如研究、设计仪器、制造零件和建造它。你会学到很多伟大的东西。

家长和教师也可以通过对挑战、努力和错误表达积极的观点，让孩子享受学习的过程：

（1）孩子，这很难，但是这很有趣！

（2）哦，对不起，太简单了！没什么好玩的。让我们做一些更具挑战性的事情，你可以从中学习。

（3）让我们来谈谈我们今天从中学到了什么。我先来说说。

（4）这个错误太有趣了。这是一个很棒的错误！

三、带孩子离开他们的舒适区

如果孩子从来没有机会战胜困难，或者没有能力在困难的事情上取得成功，他们可能永远不会对自己面对挑战的能力产生信心。孩子冲破界限和障碍时，真正的成就就会发生。

父母应该鼓励孩子尝试并继续那些可能具有挑战性的活动。鼓励孩子尝试新事物，让他们有机会证明他们可以做任何事。很多父母不喜欢看到孩子挣扎，但冒险和挣扎是孩子学习的重要途径。孩子正在处理一项很难掌握的技能、活动或运动时，家长要克制住跳进去拯救他们的冲动，不要让他们一出现不适的迹象就放弃。家长要注意自己的焦虑程度，不要害怕孩子产生悲伤或沮丧的感觉，这是他们在发展适应力。

达克沃思最小的孩子在开始练习体操之前试过田径和芭蕾。一开始，她不会做转身，对此她感到非常焦虑。最终，她克服了焦虑，现在非常喜欢体操，她每天做两个小时的旋转动作。鼓励孩子尝试新事物，让他们有机会证明自己能做任何事。

成功很少发生在第一次尝试时。事实上，通往成功通常有一条相当长的道路，沿途有各种各样的颠簸不平和坑坑洼洼。困惑、沮丧甚至有时完全厌倦是学习和成长旅程的一部分。当孩子明白学习并不总是那么容易，经历一段艰难的时光并不意味着自己是愚蠢的，坚持就更容易了。

孩子遇到困难时，家长不要拿出具体解决方案，而要看看他们是否自己想出解决办法。可以引导和帮助他们思考"这些步骤可能是什么"，而不是告诉他们"它们是什么"。对孩子来说，面对逆境或困境，孩子从这段经历中学到的是"嘿，我能解决问题"。如果孩子总是擅长任何事情或者一帆风顺，他们就不会培养出勇气和坚毅，他们需要尝试那些挑战他们的东西。

四、情感和方法的支持很关键

孩子想要学骑自行车时，他们是在跌倒后继续前进，还是在第一次跌倒后就放弃了？如果不鼓励他们爬起来再试一次，而是默许他们放弃，那么以后他们就会失去挑战的勇气。

鼓励他们不断地努力培养他们的毅力，对建立孩子的信心是很有帮助的。这种信心将帮助他们击退失败并再次尝试。信念是一种强大的力量。如果他们觉得自己做不到或不应该去做，那么他们就学不会。如果孩子认为他们不能成功地做某事，那么他们就永远不会成功。这种相信自己的心态，部分来自他们的父母和老师的鼓励和暗示。

我们需要不断鼓励孩子再试一次。家长可以说："你能做到，我相信你。""我知道，即使你再次跌倒，你会再次尝试，最终你会得到它的方法。"

父母可以让孩子感受到无条件的支持，让孩子知道父母的爱并不取决于孩子是否成功。确保他们知道："无论如何我都爱你。"父母还可以从更多的角度给予情感支持。① 鼓励："我相信你。""我知道只要你继续努力，你就能做到。"② 移情："这真的很难。""不马上成功真让人沮丧。""我知道你的感受。"③ 承认努力："哇，你在这方面多么努力。"④ 促进成长心态："你还不能这么做。""继续努力。"

孩子遇到一项很难掌握的技能、活动或运动时，家长要克制住"拯救"他的冲动，不要让他一出现麻烦就放弃。相反，用经验作为一种方式来教导韧性和成功，帮助他集思广益，制订行动计划，但让他掌握解决方案。

并不是所有的技能对孩子来说都是容易的。帮助他们学习把事情分解成可管理的任务是另一种方法。他们正在学习通过坚持、实践和积累以前的经验、知识和技能来获得技能。他们学习如何把大任务分解成更小的、可实现的任务，以便朝着更大的目标发展的时候，坚韧就会在童年时期养成了。

情绪研究人员称这些为"脚手架"。它可以被定义为家长给孩子建立的框架。家长演示如何做某事，或用语言来进行建议。孩子尝试新事物时，这会帮助他成功。"脚手架"还告诉孩子，如果他们需要帮助的话，总是可以得到帮助的。

五、分享失败的故事并不尴尬

失败通常令人痛苦，作为父母，我们很难向孩子承认这也发生在我们身上。然而，让他们面对失败，知道失败是人生的常态，可能是重要的事情。他们需要知道令人沮丧和痛苦的时刻不是某件事的结束，而是通往成功之旅的自然部分。

参考文献

1. 杨东平."疯狂补习"真的是一道无解的教育难题吗？[N].解放日报，2017-02-21.

2. 苏西.博斯，简.克劳斯.PBL项目制学习——智能时代项目制学习权威实战指南[M].北京：中国纺织出版社，2020.

3. 一米与七月.为何要发展全球能力教育？这里有6大理由，7项能力，8项战略.[Online] Available: https://baijiahao.baidu.com/s?id=1579492307129519354&wfr=spider&for=pc. 20230916.

4. [美] 罗纳尔德.比格图、詹姆斯.考夫曼.培养学生的创造力[M].陈菲，等，译.上海：华东师范大学出版社，2013.

5. [新西兰] 约翰·哈蒂.可见的学习：对800多项关于学业成就的元分析的综合报告[M].彭正梅，等，译.北京：教育科学出版社，2015.

6. John Larmer、John R. Mergendolle、Suzie Boss. Setting the standard for PBL [M]. ASCD Alexandria, VA USA. 2015.

7. [美] 洛林·安德森.布卢姆教育目标分类学[M].蒋小平，等，译.北京：外语教学与研究出版社，2009.

8. [美] 丹尼尔.威林厄姆.心智与阅读[M].梁海燕，译.浙江：浙江教育出版社，2020.

9. [美] 莫提默·J.艾德勒，查尔斯·范多伦.如何阅读一本书[M].郝明义，朱衣，译.北京：商务印书馆，2014.

10. TeachThought Staff. How Project-Based Learning Can Promote Social-Emotional Learning Skills, [Online] Available: https://www. teachthought. com/project-based-learning/teaching-social-emotional-learning-skills/. 20230916.

11. 郑钢. 怎样让学生爱上阅读[M]. 上海：华东师范大学出版社，2019.

图书在版编目（CIP）数据

走向未来的教育：素养时代人才培养的新视角 / 郑
钢著. — 上海：上海教育出版社，2023.11
ISBN 978-7-5720-2362-0

Ⅰ.①走… Ⅱ.①郑… Ⅲ.①教育工作中 Ⅳ.①G4

中国国家版本馆CIP数据核字(2023)第216521号

责任编辑　李　玮
封面设计　王纯华

走向未来的教育：素养时代人才培养的新视角
郑　钢　著

出版发行　上海教育出版社有限公司
官　　网　www.seph.com.cn
地　　址　上海市闵行区号景路159弄C座
邮　　编　201101
印　　刷　上海普顺印刷包装有限公司
开　　本　700×1000　1/16　印张 15.75
字　　数　216 千字
版　　次　2024年1月第1版
印　　次　2024年1月第1次印刷
书　　号　ISBN 978-7-5720-2362-0/G·2091
定　　价　69.00 元

如发现质量问题，读者可向本社调换　电话：021-64373213